Leo Koenigsberger

Hermann von Helmhotz's Untersuchungen über die Grundlagen der Mathematik

Leo Koenigsberger

Hermann von Helmhotz's Untersuchungen über die Grundlagen der Mathematik

ISBN/EAN: 9783743342101

Hergestellt in Europa, USA, Kanada, Australien, Japan

Cover: Foto ©ninafisch / pixelio.de

Manufactured and distributed by brebook publishing software
(www.brebook.com)

Leo Koenigsberger

**Hermann von Helmhotz's Untersuchungen über die Grundlagen

der Mathematik**

Hermann von Helmholtz's

Untersuchungen

über die

Grundlagen der Mathematik und Mechanik

von

Dr. Leo Koenigsberger,
PROFESSOR DER MATHEMATIK AN DER UNIVERSITÄT ZU HEIDELBERG

MIT EINEM BILDNISS HERMANN VON HELMHOLTZ'S.

LEIPZIG,
DRUCK UND VERLAG VON B. G. TEUBNER.
1896.

Die vorliegende Rede wurde mit einigen durch den mündlichen Vortrag gebotenen Abkürzungen am 22. November d. J. zur Gedächtnissfeier Karl Friedrich's, des Neubegründers der Heidelberger Universität, gehalten.

Heidelberg, im December 1895.

Leo Koenigsberger.

Hermann von Helmholtz's
Untersuchungen
über die
Grundlagen der Mathematik
und Mechanik.

Hochansehnliche Versammlung!

Bei der Wiederkehr des Tages, an dem ein hochherziger und erleuchteter Herrscher dieses Landes unsere Hochschule zu neuem Leben erstehen liess und dadurch eine Epoche der Blüthe der Wissenschaften an derselben inaugurirte, deren hundertjährige Dauer wir in naher Zeit festlich begehen werden, richten wir unsere Blicke voll Ehrfurcht und Dankbarkeit auf unsern durchlauchtigsten Rector Magnificentissimus, der stets mit dem wärmsten Interesse und der thatkräftigsten Unterstützung das Gedeihen unserer Universität zu fördern, ihr Ansehen und ihren Ruhm immer fester zu begründen sucht. Ich glaube, dass wir unsere Dankbarkeit nicht besser und würdiger bethätigen können, als wenn wir der grossen Gelehrten gedenken, welche in der Zeit seiner Regierung den Stolz und die Zierde unserer Hochschule, den Ruhm unseres Vaterlandes bildeten, und so möge diese festliche Stunde dem Andenken eines Mannes gewidmet sein, den wir ohne Bedenken als einen der grössten und tiefsten Forscher bezeichnen dürfen, welche in diesem Jahrhundert unserer Universität angehörten, und auf dessen Bedeutung ich Ihre Aufmerksamkeit zu lenken mir erlauben will vom Standpunkte meiner Wissenschaft aus, der er im Grunde sein Leben hindurch am meisten zugethan war, und deren Wesen er heute vor drei und dreissig Jahren an eben dieser Stelle so klar und schön in den Worten kennzeichnete: „Wir sehen in der Mathematik die bewusste logische Thätigkeit unseres Geistes in ihrer reinsten und vollendetsten Form, wir können hier die ganze Mühe derselben kennen lernen, die grosse Vorsicht, mit der sie vorschreiten muss, die Genauigkeit, welche nöthig ist, um den Umfang der gewonnenen allgemeinen Sätze fest zu bestimmen, die Schwierigkeit, abstracte Begriffe zu bilden und zu verstehen, aber ebenso auch Vertrauen fassen lernen in die Sicherheit, Tragweite und Fruchtbarkeit solcher Gedankenarbeit."

Erst vor Kurzem betrauerte die ganze gebildete Welt den Verlust unseres unvergesslichen Hermann v. Helmholtz, der von 1858 bis 1871 auf dem Gipfel seines Ruhmes stehend unserer Universität angehörte und im Verein mit Bunsen und Kirchhoff dieselbe zum Mittelpunkt naturwissenschaftlicher Forschung gemacht hat.

Wer sich die Aufgabe stellt, die Verdienste von Helmholtz um die mathematische Wissenschaft ihrer Bedeutung entsprechend darzulegen, kann nicht umhin, von jeder einzelnen seiner zwei- bis dreihundert, zum Theil nicht leicht verständlichen Arbeiten Kenntniss zu nehmen, da jede derselben, selbst wenn sie sich der mathematischen Sprache nicht bedient, durch die eminente Schärfe logischen Denkens das höchste Interesse des Mathematikers erregt. Aber gerade darin liegt auch wieder die Schwierigkeit, jener Aufgabe völlig gerecht zu werden, da der Darsteller seiner unvergleichlichen Leistungen auf allen Gebieten der Naturwissenschaften Physiologe und Physiker, Mathematiker, Philosoph und Aesthetiker zugleich sein müsste, um einen so grossen Denker wie Helmholtz nicht bloss bewundern und anstaunen, sondern auch würdigen und verstehen zu können. Es lag eben nicht in der Natur seines Geistes begründet, mathematische Untersuchungen um ihrer selbst willen durchzuführen, sich zu erfreuen an der Herleitung völlig abstracter Wahrheiten, welche Eigenschaften der geometrischen und arithmetischen Gebilde darstellen, die dann möglicherweise in den exacten Naturwissenschaften ihre Anwendung finden; er holte sich vielmehr seine mathematischen Probleme — und es ist dies gewiss der einzig wahre, aber auch nur von einem so grossen Meister mit Erfolg einzuschlagende Weg — unmittelbar aus der Beobachtung der Natur, indem er von der Voraussetzung ausging, dass die Wissenschaft, deren Zweck es ist, die Natur zu begreifen, auch annehmen müsse, dass sie begreiflich sei, und begreiflich sein bedeutete für ihn nichts anderes als — um mit den Worten seines grössten Schülers Heinrich Hertz zu reden — die denknothwendigen Folgen der inneren Scheinbilder äusserer Gegenstände mit den naturnothwendigen Folgen der abgebildeten Gegenstände in Uebereinstimmung zu bringen, oder die Probleme der Natur mathematisch zu formuliren. So findet sich in allen seinen Arbeiten eine unendliche Fülle auch vom rein mathematischen Gesichtspunkte aus interessanter Resultate, die aber stets sogleich eine mechanisch-physikalische Deutung finden, und dann tiefliegende und umfassende Naturgesetze aufdecken, welche von ihrer mathematischen Einkleidung befreit, man darf wohl sagen, nicht bloss in der naturwissenschaftlichen, sondern in der ganzen gebildeten Welt einer wesentlich neuen Auffassung von den Vorgängen in der Natur Bahn gebrochen haben. Nur dann interessirten ihn auch mathematische Untersuchungen an sich, wenn es sich um die Aufsuchung der Grundlagen und Axiome mathematischer Disciplinen handelte, und so hat er in der That darauf bezügliche Forschungen für die drei grossen Gebiete der Mathematik, die Geometrie, Arithmetik und Mechanik angestellt, die für die Erkenntnisstheorie, sowie für die gesammte Entwicklung der mathematischen Physik bahnbrechend gewesen sind; aber auch hier gaben ihm wieder im Gegensatz zu ähnlichen oder ganz gleichgerichteten Untersuchungen anderer ausgezeichneter Mathematiker stets die Beobachtung und Erfahrung den festen Boden und eine sichere Richtschnur für seine Wege, auf denen er zu den abstractesten mathematischen Wahrheiten gelangte.

Die Mathematik in ihrer ganzen Ausdehnung, wie ich sie hier betrachten will, hat es mit drei von einander unabhängigen Grundvorstellungen zu thun, denen des Raumes, der Zeit und der Masse; mit den Gebilden des Raumes beschäftigt sich die Geometrie, mit denen der Zeit die Arithmetik, mit den Beziehungen der Masse zu Raum und Zeit die

Mechanik und mathematische Physik. Die von Kant aufgestellte Ansicht von Raum und Zeit als transscendentalen Anschauungsformen, welche durch die bekannten Axiome näher bestimmt sein sollten, war die bei fast allen Mathematikern und Philosophen vorherrschende, bis Helmholtz dieselbe insofern in den Bereich seiner Untersuchungen zog, als er die a priorische Existenz jener Axiome in Zweifel zu ziehen anfing, und zwar nicht auf Grund abstracter mathematischer Betrachtungen, wie es zum Theil von Gauss und Riemann geschehen, sondern physiologisch-optische Untersuchungen hatten ihn veranlasst, über den Ursprung der allgemeinen Raumanschauung überhaupt nachzudenken, und sehr bald zur Ueberzeugung geführt, dass nur die Anschaulichkeit der Raumverhältnisse uns das als selbstverständlich voraussetzen lässt, was in Wahrheit eine besondere Eigenthümlichkeit unserer Aussenwelt ist, und wir dadurch die Axiome der Geometrie für durch transscendentale Anschauung gegebene Sätze halten. Schon in seinem im Jahre 1852 in Königsberg gehaltenen Habilitationsvortrage „Ueber die Natur der menschlichen Sinnesempfindungen" vertrat er die durch tiefgehende physiologisch-physikalische Gegenüberstellung der Objecte und der Sinneswahrnehmungen derselben gewonnene Ansicht, dass nicht nur, wie es schon Johannes Müller in seinem Princip der specifischen Energie ausgesprochen, die Lichtempfindung unabhängig von der besondern Beschaffenheit des Lichtes oder der Natur des gegebenen Objectes ist, vielmehr einzig und allein von der des Sehnerven herrührt, sondern dass auch die Farbe nicht eine Eigenschaft der Körper an sich, sondern erst von dem Auge den Körpern zuertheilt ist. „Licht- und Farbenempfindungen sind nur Symbole für Verhältnisse der Wirklichkeit, sie haben mit den letzteren ebensowenig und ebensoviel Aehnlichkeit oder Beziehung als der Name eines Menschen oder der Schriftzug für den Namen mit dem Menschen selbst", und so wird er folgerichtig auf den Weg geleitet, auf dem ein weiterer Fortschritt in der tieferen Erkenntniss der Natur der Sinneswahrnehmungen sich ermöglichen liess. Im Gegensatz zur nativistischen Theorie der Raumanschauung, in welcher die Annahme gemacht wird, dass die Netzhaut sich selbst in ihrer räumlichen Ausdehnung empfinde, und bestimmte Raumvorstellungen vermittels eines angeborenen Mechanismus entstehen, dass also auch die specielle Localisation jedes Eindruckes durch die unmittelbare Anschauung gegeben ist, wurde Helmholtz der eigentliche Gründer der empiristischen Theorie, wonach die Sinnesempfindungen für unser Bewusstsein nur Zeichen der äusseren Dinge und Vorgänge sind, deren Bedeutung kennen zu lernen unserm Verstande überlassen bleibt. Es erscheint sonach nicht nöthig, dass z. B. bei der Wahrnehmung örtlicher Unterschiede irgend welche Uebereinstimmung zwischen den Localzeichen für unsern Gesichtssinn und den ihnen entsprechenden äusseren Raumunterschieden existire, dass also überhaupt eine prästabilirte Harmonie bestehe zwischen den Gesetzen des Denkens und Vorstellens mit denen der äusseren Welt. Diesen physiologisch-philosophischen Betrachtungen gab er nun in den 1862—1867 erschienenen, in mathematischer Beziehung hoch interessanten optischen Arbeiten eine festere Basis. Nachdem er das Auge als physikalischen Apparat mathematisch behandelt, durch sein Ophthalmometer am lebenden Auge die Krümmung der Hornhaut, der beiden Linsenflächen und den Abstand dieser beiden Flächen von einander gemessen, und die Gesetze der Brechung der Lichtstrahlen an denselben in mathematisch vollendeter und übersichtlicher Darstellung erörtert, entwickelt er seine schönen und folgereichen Sätze über die Helligkeit reciproker Bilder. Er greift das schwierige Problem der optischen Länge der Strahlen an, welche er als die Summe der mit den Brechungsverhältnissen multiplicirten Weglängen eines durch verschiedene brechende Mittel gehenden Strahles definirt, und wird schon in dieser Zeit in der Rückführung auf ein Minimumsprincip zu tief gehenden und interessanten mathematischen Betrachtungen geleitet, welche im Grunde bereits von ganz allgemeinen Anschauungen der Principien der Mechanik getragen waren, und welche er auch gleich darauf in meisterhafter Weise in seiner für die Physiologie so wichtig gewordenen Arbeit über die Bewegungen des Auges in mathematisch vollendeter Form anwendet. Aber vor Allem gaben die Untersuchungen über den Horopter seinen erkenntnisstheoretischen Studien eine deutlich wahrnehmbare Richtung. Indem er als Horopter den geometrischen Ort derjenigen Punkte des äusseren Raumes definirt, welche sich auf correspondirenden Stellen beider Netzhäute abbilden und desshalb einfach gesehen werden, findet er für denselben im Allgemeinen eine räumliche Curve dritten Grades; wenn ferner ein Linienhoropter die Fläche genannt wird, in welcher gerade Linien bestimmter Richtung liegen müssen, damit bei einer fortdauernd congruenten Verschiebung in sich die Bilder sich noch in ganzen Linien decken, ohne dass die Punkte der Bilder zu correspondiren brauchen, so ergeben sich für den Vertical- und Horizontalhoropter oder für Linien, welche in beiden Sehfeldern normal oder parallel zu den Netzhauthorizonten erscheinen, Flächen zweiten Grades, deren Discussion Helmholtz in seiner „Physiologischen Optik" mit Hinzufügung der Annahme der Asymmetrie der Netzhäute und einer etwas veränderten Definition der identischen Stellen derselben in streng mathematischer Form durchführt. So entwickelt sich in ihm auf Grund unwiderlegbarer mathematisch-physikalischer Speculationen die Ueberzeugung, dass, so wie beim Acte des Sehens gleichzeitig zwei verschiedene Empfindungen unverschmolzen zum Bewusstsein kommen, und daher ihre Verschmelzung zu dem einfachen Anschauungsbilde der körperlichen Welt durch einen Act des Bewusstseins auf Grund der Erfahrung geschieht, es überhaupt unmöglich sei, den Theil unserer Anschauungen, welcher der unmittelbaren Empfindung angehört, von demjenigen zu trennen, der erst durch Erfahrung gewonnen ist; nur die Beziehungen des Raumes und der Zeit, also auch der davon abgeleiteten der Zahl, somit nur das Mathematische, sind der äussern und innern Welt gemeinsam, in diesen allein kann also eine volle Uebereinstimmung der Vorstellungen mit den abgebildeten Dingen erstrebt werden.

Und nun trat naturgemäss die Frage an ihn heran, mit deren Beantwortung er sich in den im Jahre 1868 erschienenen Arbeiten „Ueber die Thatsachen, die der Geometrie zu Grunde liegen" beschäftigt, wodurch wird diese Uebereinstimmung der Raum- und Zeitvorstellungen mit den abgebildeten Dingen erreicht, was ist in diesen Vorstellungen a priorisch, was Ausfluss der Erfahrung, und welches ist der Ursprung der allgemeinen Raumanschauung überhaupt? Helmholtz verwahrt sich dagegen, etwa Widerspruch zu erheben gegen die Kant'sche Auffassung des Raumes als transscendentaler Form der Anschauung; aber er hatte auf dem Gebiete der Sinneswahrnehmungen sich klar gemacht, dass es z. B. in der Organisation unseres Auges liegt, alles, was wir sehen, nur als eine räumliche Vertheilung von Farben zu sehen, ohne dass durch diese Gesichtswahrnehmung selbst irgendwelche räumliche oder zeitliche Aufeinanderfolge der Farben bedingt wird — und da lag für ihn die Frage nahe, ob denn diese transscendentale Form der Raumanschauung nothwendig die Annahme nach sich zieht, dass nach oder neben bestimmten Raumwahrnehmungen auch eine andere bestimmte eintreten müsse, oder — mit anderen Worten — ob damit die Annahme gewisser Axiome eingeschlossen ist. In dem Bestreben, die Begriffsentwickelungen in der Geometrie von den Ergebnissen der Erfahrung, die scheinbar als Denknothwendigkeiten auftreten, zu sondern, erkennt er als die Grundlage aller Beweise in der Euclid'schen Geometrie den Nachweis der Congruenz räumlicher Gebilde, und somit als Postulat die Vorstellung, dass diese Gebilde zu einander hin bewegt werden können, ohne ihre Form und Dimension zu ändern; so wird er mit Nothwendigkeit vor die Frage gestellt, ob die Annahme der freien Beweglichkeit, welche wir von frühester Jugend an erfahren haben, keine logisch unerwiesene Voraussetzung einschliesst, wie sich ihm dies bei tieferem Eindringen in die Frage in der That mit immer grösserer Sicherheit ergiebt. Helmholtz malt sich die Geometrie aus, wie sie sich verstandbegabten Wesen von nur zwei

Dimensionen darstellen würde, die an der Oberfläche irgend eines unserer festen Körper leben und nicht die Fähigkeit haben, irgend etwas ausserhalb dieser Oberfläche wahrzunehmen, indem er von der Annahme ausgeht, dass es uns als Bewohnern eines Raumes von drei Dimensionen möglich ist, uns die verschiedenen Arten, in denen flächenhafte Wesen ihre Raumvorstellungen ausbilden, zur Anschauung zu bringen und deren sinnliche Eindrücke uns auszumalen, während wir Räume von mehr als drei Dimensionen nicht mehr anschauen können, da alle unsere Mittel sinnlicher Wahrnehmung sich nur auf einen dreidimensionalen Raum erstrecken. Was wird dann aus den Axiomen unserer Geometrie, dass es zwischen zwei Punkten nur eine kürzeste Linie, die gerade Linie, giebt, dass durch drei nicht in gerader Linie liegende Punkte des Raumes eine Fläche gelegt werden kann, in welche jede, zwei ihrer Punkte verbindende gerade Linie ganz hineinfällt, und die eine Ebene genannt wird, dass endlich, wenn zwei in derselben Ebene liegende und sich niemals schneidende Linien als parallel bezeichnet werden, durch einen ausserhalb einer geraden Linie liegenden Punkt zu dieser nur eine einzige parallele Gerade gelegt werden kann, und was wird aus all' den andern Axiomen, welche die Continuität der geometrischen Gebilde u. s. w. betreffen? Jene Flächenwesen würden ebenfalls im Allgemeinen kürzeste Linien zwischen je zwei Punkten ziehen können, die jedoch nicht nothwendig gerade Linien wären, und welche Helmholtz geradeste Linien nennt, aber schon in dem einfachsten Falle der Kugel würden zwischen je zwei Polen sich unendlich viele geradeste Linien legen lassen, parallele geradeste Linien würde man gar nicht ziehen können, und die Summe der Winkel im Dreieck würde von zwei Rechten verschieden sein; jene Wesen würden den Raum ebenfalls unbegrenzt, aber endlich ausgedehnt finden, und bei der Ausbildung einer Geometrie würden sie andere geometrische Axiome haben als wir, aber sie könnten noch immer ihre Raumgebilde beliebig auf der Kugel verschieben, ohne deren Dimensionen zu ändern. Doch auch diese Eigenschaft geht im Allgemeinen auf jedem andern Körper verloren, da nur solche Flächen eine derartige Verschiebung gestatten, welche in allen Punkten eine constante Krümmung besitzen, von denen die einer constanten positiven Krümmung durch Biegung ohne Dehnung und Zerreissung auf einer Kugel sich abwickeln lassen und sphärische Flächen, diejenigen einer constanten negativen Krümmung pseudosphärische Flächen genannt werden. Die analytische Untersuchung von Flächen der letzteren Art ergiebt, dass die geradesten Linien sich unendlich verlängern lassen, ohne wie bei der Kugel in sich zurückzulaufen, und dass wie in der Ebene zwischen zwei gegebenen Punkten immer nur eine kürzeste Linie möglich ist; aber die Gültigkeit des Parallelenaxioms hört hier auf, da sich durch einen Punkt ausserhalb einer geradesten Linie unendlich viele solcher Linien legen lassen, welche auch in's Unendliche verlängert die erstere nicht schneiden. Die drei oben angeführten Axiome sind somit nothwendig und hinreichend, um die Fläche, auf welche sich die Euclid'sche Geometrie bezieht, im Gegensatz zu allen andern Raumgebilden zweier Dimensionen als Ebene zu charakterisiren. Treten wir nun in den Raum mit drei Dimensionen ein und vergleichen denselben, als ein Gebiet von Grössen betrachtet, in welchem die Lage eines jeden Punktes durch drei Abmessungen bestimmt werden kann, mit andern ebenfalls dreifach ausgedehnten Mannigfaltigkeiten, wie sie z. B. die räumliche Darstellung des Systems von Farben liefert, um zu untersuchen, ob specielle charakteristische Eigenschaften unserm Raume zukommen, so zeigt sich in der That, dass derselbe noch besondere Bestimmungen enthält, welche bedingt sind durch die vollkommen freie Beweglichkeit der festen Körper mit unveränderter Form nach allen Orten hin und durch den besonderen Werth des Krümmungsmasses. Dieses ist für den thatsächlich vorliegenden Raum gleich Null zu setzen — so wie es unter allen Flächen für die Ebene allein und die auf diese abwickelbaren Flächen gleich Null wird — um den Euclid'schen Axiomen von der Eindeutigkeit der kürzesten Linie und von den Parallelen Genüge zu leisten; wäre letzteres von Null verschieden, so würden Dreiecke von grossem Flächeninhalte freilich eine andere Winkelsumme haben als kleine, aber das Resultat der geometrischen und astronomischen Messungen, welche uns die Winkelsumme eines Dreiecks nur nahezu und nie streng gleich zwei rechten Winkeln ergeben können, berechtigt uns offenbar nur zu schliessen, dass das Krümmungsmass unseres Raumes sehr klein ist; dass es in Wirklichkeit verschwindet, lässt sich nicht beweisen, es ist ein Axiom. Helmholtz geht aber weiter; er zeigt, dass wir uns den Anblick einer sphärischen, einer pseudosphärischen Welt, begrifflich entwickelt nach Analogie der oben charakterisirten Flächen, nach allen Richtungen hin ausmalen können, dass also die Axiome unserer Geometrie durchaus nicht in der gegebenen Form unseres Anschauungsvermögens begründet sein können, ja er macht es durch Abbildungsbetrachtungen plausibel, dass, wenn unsere Augen mit passenden Convexgläsern bewaffnet wären, uns der pseudosphärische Raum verhältnissmässig gar nicht sehr fremdartig erschiene, und dass wir nur in der ersten Zeit bei der Abmessung der Grösse und Distanz fernerer Gegenstände Täuschungen unterworfen sein würden.

Diese Untersuchungen bildeten zum Theil den Inhalt einiger in Heidelberg im Jahre 1868 gehaltenen Vorträge, und zwanzig Jahre später kommt er in seinen Arbeiten über die erweiterte Anwendung des Fechner'schen Gesetzes und über kürzeste Linien im Farbensystem auf seine und Riemann's Ergebnisse wieder zurück, nach welchen sich alle Eigenschaften der besonderen Art unseres Raumes daraus ableiten lassen, dass man den Werth der Entfernung zweier benachbarter Punkte durch die zugehörigen Incremente der Coordinaten ausdrücken kann, und somit von der Entfernung zweier Punkte eines festen Körpers verlangt, dass sie durch die Lage ihrer Endpunkte vollkommen gegeben sei und gleich bleibe bei allen möglichen Verschiebungen und Wendungen des festen Körpers. Indem er davon ausgeht, dass jede besondere Farbe sich herstellen lässt durch die Vereinigung der entsprechend abgemessenen Quanta dreier passend gewählter Urfarben, welche die Stelle der Coordinaten vertreten, findet er in der Deutlichkeit der Unterscheidung zwischen zwei nahestehenden Farben ein der Entfernung für Punkte des Raumes analoges, in der Empfindung gegebenes Verhältniss, welches zwischen je zwei Farbenqualitäten besteht, und durch die Beschaffenheit der beiden vollständig gegeben ist. Der Ausdruck, von dem er hofft, dass er für den Bereich der Farbenempfindungen dieselbe Rolle spielen wird, wie die Formel für die Länge des Linienelementes in der Geometrie, lässt den Grad der Deutlichkeit im Unterschiede zweier Farben erkennen, die sich gleichzeitig in den Quanten aller drei Urfarben, welche in ihre Zusammensetzung eingehen, von einander unterscheiden und also in Helligkeit und Qualität verschieden sind. Er leitet denselben aus dem Fechner'schen Gesetze, welches nur Aenderungen der Lichtstärke bei ungeänderter Mischung des Lichtes in Frage zog und die Deutlichkeit des Unterschiedes durch das logarithmische Increment der um eine von der Qualität des Lichtes abhängige Constante vermehrten objectiven Lichtmenge definirt, dadurch ab, dass er in der Summe der Quadrate der aus den Quantis der Urfarben nach jenem Gesetze hergeleiteten Sichtbarkeit der Helligkeitsunterschiede die Deutlichkeit des Unterschiedes zweier Farben erkennt. In hohem Grade interessant ist seine Discussion der kürzesten Farbenreihen, welche er analog den kürzesten Linien zwischen zwei Punkten im Raume als diejenigen Reihen von Uebergangsfarben zwischen zwei gegebenen Endfarben von verschiedener Qualität und Quantität definirt, für welche die Summe der wahrnehmbaren Unterschiede ein Minimum ist, und die sich, wenn die Quanta der drei Urfarben als Coordinaten aufgefasst werden, nicht wie im Raume als gerade Linien darstellen, sondern im Allgemeinen krümmen werden. Endlich kommt er noch in einer seiner letzten Arbeiten „Ueber den Ursprung der richtigen Deutung unserer Sinneseindrücke" wieder auf die Frage der Raumanschauung zurück und wird zu überaus geistvollen und bedeutsamen philosophischen Betrachtungen geleitet. Die Vorstellung der stereometrischen Form eines körperlichen Objects spielt für ihn die Rolle eines aus einer grossen Reihe sinnlicher Anschauungsbilder zusammengefassten Begriffs, der ganz unabhängig von der geometrischen Definition nur durch die lebendige Vorstellung des Gesetzes, nach dem seine perspectivischen Bilder auf einander folgen, zusammengehalten wird, und von dieser Anschauung ausgehend erkennt er in der unbewussten Thätigkeit unseres Gedächtnisses die Veranlassung zu all' den Vorstellungsverbindungen, deren Resultate wesentlich mit denen des bewussten Denkens übereinstimmen. Dann ist aber nach ihm der Inductionsschluss nichts anderes als die Erwartung, dass die in ihren Anfängen beobachtete Erscheinung unseren bisherigen Wahrnehmungen entsprechend weiter verlaufen wird, und die falschen Inductionen identisch mit unsern Sinnestäuschungen, so dass unser Wissen nur die Kenntniss des Objectes in Worte fasst, von dem wir vermöge der uns angeborenen Organisation und mit Hülfe der auf unbewusster Arbeit des Gedächtnisses beruhenden Inductionsschlüsse ein Anschauungsbild gewonnen haben, und es daher zweifelhaft bleibt, ob überhaupt in unserm Vorstellungskreise Kenntnisse existiren, die eine andere Ursprungsquelle erfordern.

Erst lange nach Veröffentlichung seiner Arbeiten über die Axiome der Geometrie wandte er sich, immer wieder angeregt durch die Thatsache der geringen Anzahl und der unmittelbaren Evidenz der Axiome der Mathematik und Mechanik bei ihrem unendlichen Umfange, im Jahre 1887 in einer Eduard Zeller zu dessen fünfzigjährigem Doctorjubiläum gewidmeten Schrift der erkenntnisstheoretischen Untersuchung des Zählens und Messens zu, um auch hier der Ansicht Kant's entgegenzutreten, dass die Axiome der Arithmetik a priori gegebene Sätze seien, welche die transscendentale Anschauung der Zeit in demselben Sinne näher bestimmen, wie die Axiome der Geometrie die des Raumes, und legt sich die Frage nach der Bedeutung und Berechtigung der Rechnung mit reinen Zahlen und der Möglichkeit von deren Anwendung auf physische Grössen vor. Indem er das Zählen daraus herleitet, dass wir im Stande sind, die Reihenfolge, in der Bewusstseinsacte zeitlich nach einander eingetreten sind, im Gedächtniss zu behalten, wird für ihn die Lehre von den reinen Zahlen lediglich eine auf psychologischen Thatsachen aufgebaute Methode zur folgerichtigen Anwendung eines Zeichensystems von unbegrenzter Ausdehnung und Möglichkeit der Verfeinerung, zum Zwecke der Darstellung der verschiedenen, zu demselben Endergebniss führenden Verbindungsweisen dieser Zeichen. Nach der aus dieser Anschauung gewonnenen Definition der gesetzmässigen Reihe der positiven ganzen Zahlen und der Eindeutigkeit ihrer Aufeinanderfolge stellt er den Begriff der Addition der reinen Zahlen fest, und zeigt, dass sich die Axiome der Arithmetik von der Gleichheit zweier Zahlen in Rücksicht einer dritten, das Associationsgesetz der Addition und das Commutationsgesetz nur durch die Uebereinstimmung des Ergebnisses mit dem, welches aus dem Zählen von äusseren zählbaren Objecten hergeleitet werden kann, beweisen lassen. Damit aber die Objecte zählbar sind, müssen gewisse Bedingungen erfüllt werden, über deren Vorhandensein nur die Erfahrung entscheiden kann. Indem nun Objecte, welche in irgend einer bestimmten Beziehung gleich sind und gezählt werden, als Einheit der Zählung, die Anzahl derselben als eine benannte Zahl, und die besondere Art der Einheiten, die sie zusammenfasst, als Benennung der Zahl bezeichnet werden, wird der Begriff der Gleichheit zweier Gruppen von benannten Zahlen gleicher Benennung durch dieselbe Anzahl festgestellt. Nennt man nun Objecte oder Attribute von Objecten, die mit ähnlichen verglichen den Unterschied des grösser, gleich oder kleiner zulassen, Grössen — worüber nur die empirische Kenntniss gewisser Seiten des physischen Verhaltens beim Zusammentreffen und Zusammenwirken mit andern entscheiden kann — und können wir diese Grössen durch eine benannte Zahl ausdrücken, so nennen wir diese den Werth der Grösse und das Verfahren, durch welches wir die benannte Zahl finden, die Messung derselben. So messen wir eine Kraft entweder durch die Massen und Bewegungen des Systems, von welchem sie ausgeübt wird, oder bei der dynamischen Messung durch die Massen und die Bewegung des Systems, auf welches sie wirkt, oder endlich bei der statischen Methode der Kraftmessung dadurch, dass wir die Kraft mit bekannten Kräften in's Gleichgewicht bringen. Es bleibt somit nur die Frage zu beantworten, wann können wir Grössen durch benannte Zahlen ausdrücken, und was wird damit an thatsächlichem Wissen erreicht? Und zu dem Zwecke werden nun die für die Physik so interessanten und wichtigen Betrachtungen angestellt über physische Gleichheit und über das Commutations- und Associationsgesetz physischer Verknüpfungen, wobei die Addition als eine solche von Grössen gleicher Art definirt wird, deren Ergebniss nicht geändert wird durch Vertauschung der einzelnen Elemente unter sich oder durch Vertauschung der Glieder mit gleichen Grössen gleicher Art. Bei der Einführung der irrationalen Verhältnisse endlich, welche an reellen Objecten vorkommen, in Zahlen aber nie genau dargestellt, sondern nur zwischen beliebig nahen Grenzen eingeschlossen werden können, stellt sich Helmholtz lediglich auf den Standpunkt des Physikers, indem er bei der Behandlung der Functionen irrationaler Grössen erklärt, dass wir in der Geometrie und Physik noch nicht solchen discontinuirlichen Functionen begegnet sind, zu deren Berechnung die Kenntniss der hinreichend eng gezogenen Grenzen, zwischen denen der irrationale Werth liegt, nicht genügt; freilich kennt der Mathematiker auch Functionen anderer Art, und die neuesten Untersuchungen Boltzmann's scheinen solchen analytischen Gebilden auch eine Existenz in der Physik zuweisen zu wollen.

Indem wir uns nun zu dem weitaus schwierigeren Theile unserer Aufgabe, zur Darlegung der Verdienste Helmholtz's um die analytische Mechanik wenden, um die durch einige seiner glänzendsten Arbeiten erfolgte theilweise Umgestaltung der Principien derselben erkennen zu lassen, wird es nöthig sein, die Wege genauer zu verfolgen, die ihn durch die grosse Reihe bewundernswerther mathematisch-physikalischer Untersuchungen und weittragender physikalischer Entdeckungen, welche wir nach den grossen Klassen der hydrodynamischen, aerodynamischen und elektrodynamischen Arbeiten sondern werden, schliesslich zur Untersuchung der Grundgesetze der Mechanik geführt haben.

Um sich über die den Gesetzen der mechanischen Naturwissenschaften widersprechende Annahme vieler damaliger Physiologen, dass durch die sogenannte Lebenskraft Naturkräfte in's Unendliche erzeugt werden können, ein Urtheil zu bilden, beschäftigt er sich, von der durch die mechanischen Gesetze erwiesenen Voraussetzung ausgehend, dass eine bestimmte Quantität einer bewegenden Kraft bei aller Complication ihres Mechanismus immer nur dasselbe bestimmte Quantum von Bewegung hervorbringen könne, in seiner „Theorie der physiologischen Wärmeerscheinungen" mit der für die theoretische Ansicht vom Lebensprocesse so wichtigen Frage über den Ursprung der thierischen Wärme. Die Resultate dieser Untersuchung sowie der ziemlich gleichzeitig angestellten „über die Wärmeentwicklung bei der Muskelaction" gaben ihm die Bestätigung des grossen Gesetzes von der Erhaltung der Kraft, das den Inhalt eines im Jahre 1847 in der physikalischen Gesellschaft zu Berlin gehaltenen Vortrages bildete. Es war gewiss ein für die Geschichte der Wissenschaften interessanter Moment, als heute vor 30 Jahren einer der ausgezeichnetsten Physiker unseres Jahrhunderts, Gustav Kirchhoff, hier von eben dieser Stelle aus in seiner schönen und lichtvollen Rede „Ueber das Ziel der Naturwissenschaften" in Gegenwart von Helmholtz die Erkenntniss dieses Gesetzes die unzweifelhaft wichtigste nannte, die in unserm Jahrhundert auf dem Gebiete der Naturwissenschaften gewonnen worden, und noch heute nach 50 Jahren behauptet Hertz in seinem nachgelassenen Werke „Die Principien der Mechanik", dass die Physik am Ende unseres Jahrhunderts einer völlig neuen Denkweise ihre Vorliebe zugewandt hat und beeinflusst von dem überwältigenden Eindrucke, welchen die Helmholtz'sche Entdeckung von der Constanz der Energie gemacht, es nunmehr liebt, die Rückführung der Erscheinungen auf die Gesetze der Energieverwandlung als ihr letztes Ziel zu behandeln. Ich muss zum Verständniss dieser grossen Entdeckung von Helmholtz, sowie seiner späteren fundamentalen Arbeiten über die Principien der Mechanik einen kurzen Rückblick auf die Entwicklung der theoretischen Mechanik überhaupt werfen.

Aus den ersten Untersuchungen über den Hebel, die Rolle und die schiefe Ebene entwickelten sich sehr bald die allgemeinen Anschauungen, welche die Lehre vom Gleichgewicht begründeten, und die Definition der Arbeit als das Produkt aus der Grösse einer Kraft in die, in der Richtung dieser gemessene, unendlich kleine Verschiebung eines materiellen Punktes liess als Grundlage der gesammten Statik das Princip der virtuellen Geschwindigkeiten erkennen, nach welchem sich irgend ein materielles System dann und nur dann im Gleichgewicht befindet, wenn für jede virtuelle d. h. mit den Verbindungen der Punkte verträgliche unendlich kleine Verrückung die Arbeit des gesammten Systems gleich Null ist. Nachdem weiter durch Galilei die Kenntniss der Trägheit der Massen, durch Newton der Begriff der Fernkraft hinzugekommen, entwickelte sich die Mechanik auf der Grundlage der drei berühmten Newton'schen Gesetze, nach welchen jeder Körper in seinem Zustande von Ruhe oder von geradliniger gleichförmiger Bewegung verharrt, wenn er nicht durch äussere Kräfte zu einer Veränderung dieses Zustandes veranlasst wird, ferner die Beschleunigung eines einzelnen materiellen Punktes in der Richtung der Kraft erfolgt, welche auf den Punkt wirkt, und gleich der Grösse der Kraft ist dividirt durch die Masse des Punktes, und endlich die Wirkungen zweier Körper auf einander immer gleich sind und entgegengesetzte Richtungen haben. So gelangte man wenigstens für Newton'sche Kräfte und unter der Annahme von Bewegungsbeschränkungen der materiellen Punkte des Systems, welche in analytischen Gleichungen ihrer Coordinaten darstellbar sind, zu dem die ganze Dynamik beherrschenden d'Alembert'schen Princip:

Wenn man gewonnene Kraft diejenige nennt, die man zu der auf jeden Punkt wirkenden hinzufügen müsste, wenn derselbe sich im isolirten Zustande so bewegen sollte, wie er es in Wirklichkeit thut, so sagt das d'Alembert'sche Princip aus, dass sich die sämmtlichen gewonnenen Kräfte das Gleichgewicht halten, und liefert dem Mathematiker ein Mittel, wenn die wirkenden Kräfte, sowie Ort und Geschwindigkeit der Punkte des Systems für irgend einen Moment gegeben sind, die Lage derselben zu jeder Zeit zu ermitteln. Die Fortentwicklung der Mechanik in dieser Richtung würde somit die Erforschung aller Kräfte der Natur d. h. aller Eigenschaften der Materie erfordern, da die letztere für uns keine andern Merkmale hat als die Kräfte, welche ihre Theile auf einander ausüben. Nachdem nun diese beiden Grundprincipien der Lehre vom Gleichgewicht und der Bewegung erkannt waren, bestrebte man sich, allgemeine Gesetze und Eigenschaften der Bewegung zu ermitteln, und eine der wichtigsten und folgereichsten Entdeckungen war die von Huyghens, Johann und David Bernoulli gegebene Herleitung des Princips von der Erhaltung der lebendigen Kraft; nennt man nämlich das halbe Product aus der Masse und dem Quadrat der Geschwindigkeit eines Punktes die lebendige Kraft desselben, und für ein aus beliebig vielen Punkten bestehendes materielles System, in welchem die einzelnen Punkte Beschränkungen ihrer freien Beweglichkeit unterliegen dürfen, die Summe der einzelnen lebendigen Kräfte die lebendige Kraft des Systems oder dessen kinetische Energie, so ist der Zuwachs, welchen ein der Wirkung Newton'scher Kräfte und festen Verbindungen zwischen den materiellen Punkten unterliegendes System bei der Bewegung von irgend einer Lage aus in irgend eine andere an lebendiger Kraft gewinnt, genau gleich der in der Zwischenzeit von den Kräften geleisteten Arbeit. Hängt nun die während der Bewegung geleistete Arbeit nur von der Anfangs- und Endlage ab, so folgt hieraus, dass, wenn ein System bei der Bewegung wieder in seine Anfangslage zurückkehrt, auch seine kinetische Energie wieder denselben Werth erlangt, und dieses Gesetz nennt man den **Satz von der Erhaltung der kinetischen Energie**, sowie die Systeme, für welche dasselbe gilt, **conservative Systeme**. Eine einfache Umformung dieses Satzes führt aber zu den weittragendsten Folgerungen; die Thatsache nämlich, dass ein Körper bei seiner Bewegung von einer Lage in eine andere eine bestimmte Arbeit leistet, sagt nichts anderes aus, als dass seine Leistungsfähigkeit oder potentielle Energie in der Anfangslage um die geleistete Arbeit grösser ist als in seiner Endlage, so dass für conservative Systeme der oben ausgesprochene Satz von der Erhaltung der kinetischen Energie in das Gesetz von der Constanz der Energie übergeht, dass bei der Bewegung eines beliebigen conservativen Systems die Summe der potentiellen und kinetischen Energie unveränderlich ist, jedoch nur unter der wesentlichen Voraussetzung, dass die bei der Bewegung des Systems geleistete Arbeit nicht von dem beschriebenen Wege, sondern nur von der Anfangs- und Endlage des Systems abhängig ist. Für die Newton'schen Kräfte und Systeme, für welche dieses Princip zunächst gilt, besagt nun offenbar die Gültigkeit dieses Gesetzes nichts anderes als die Unmöglichkeit des perpetuum mobile oder durch irgend eine Combination von Naturkörpern bewegende Kraft fortdauernd aus nichts zu erschaffen, da wir vermöge der auf dem einen Wege im Vergleich zum andern, den wir zur Zurückführung des Systems benutzen, gewonnenen Arbeitsgrösse mechanische Kraft ins Unbestimmte erzeugen könnten. Nun war zwar die Unmöglichkeit eines solchen für die Kräfte der angegebenen Art längst erkannt, und also auch für diese das Gesetz von der Constanz der Energie, aber nicht alle Kräfte der Natur schienen diese Eigenschaft zu theilen, und somit auch dem erwähnten Gesetze unterworfen zu sein. Wenn ein System sich auf ein und derselben Bahn erst ohne und dann mit Reibung bewegt, so wird im letzteren Falle die kinetische Energie wegen der verminderten Geschwindigkeit kleiner sein, und man wird daher, um den Satz von der Constanz der Energie in seiner ganzen Allgemeinheit aufrecht zu erhalten, den Begriff der potentiellen Energie, die bisher nur eine Energie der Lage gewesen, auch auf die Energie ausdehnen müssen, welche sich in Form von Wärme und anderen Naturkräften darstellt, also in dem obigen Falle den Verlust an kinetischer Energie durch eine in Folge der Reibung entstandene aequivalente Wärmemenge ersetzen müssen. So hat R. Mayer, von der Voraussetzung ausgehend, dass die Erschaffung und Vernichtung einer Kraft ausser dem Bereiche menschlichen Denkens und Wirkens liege, die Aequivalenz von Wärme und mechanischer Arbeit als Grundgesetz der Naturerscheinungen ausgesprochen. Helmholtz zog nun, ohne von den Untersuchungen Mayer's Kenntniss zu haben, gleich von vornherein alle Naturkräfte in den Kreis seiner Betrachtungen und folgerte aus der Annahme der Gültigkeit des Gesetzes von der Constanz der Energie, dessen Richtigkeit er experimentell prüfen und für eine grosse Reihe physikalischer Vorgänge erweisen konnte, die Unmöglichkeit eines perpetuum mobile, auch wenn Wärme, Licht, Elektricität und chemische Processe als wirkende Kräfte eintreten, oder des demselben aequivalenten Satzes, dass die Arbeit, die irgendwelche Naturkräfte leisten, indem ihre Angriffspunkte aus einem gewissen Anfangszustande in einen gewissen Endzustand übergehen, nur von diesen beiden Zuständen, aber nicht von der Art des Ueberganges abhängt. Indem er daraus folgerte, dass in jedem abgeschlossenen Systeme einem Gewinne an Energie ein gleicher Verbrauch von Energie entsprechen muss, gelangte er zu der grossen und umfassenden Wahrheit, dass die Leistungsfähigkeit der Welt constant ist.

In seiner stets so bewundernswerthen Bescheidenheit hebt er hervor, dass es nur seine Absicht war, den Physikern in möglichster Vollständigkeit die theoretische, praktische und heuristische Wichtigkeit des Gesetzes von der Constanz der Energie darzulegen, „dessen vollständige Bestätigung wohl als eine der Hauptaufgaben der nächsten Zukunft der Physik betrachtet werden muss". Es mag nur noch, um immer wieder auf die naturphilosophischen Anschauungen Helmholtz's hinzuweisen, hervorgehoben werden, dass er im Gegensatz zu den Anhängern metaphysischer Speculation, welche das Gesetz von der Erhaltung der Kraft als ein a priorisches hinzustellen suchten, das Gesetz, wie alle Kenntniss von den Vorgängen der wirklichen Welt, auf inductivem Wege gefunden erklärte, und zwar durch die nach vielen vergeblichen Versuchen gewonnene Induction, dass man ein perpetuum mobile nicht bauen kann. Dieses grosse allgemeine Gesetz, welches die quantitativen Verhältnisse regelt, die bei Umsetzungen walten müssen, liess jedoch noch unentschieden, ob Arbeit unbegrenzt in Energie der Wärme und umgekehrt sich verwandeln lässt, und wie es sich damit beim Lichte, der Elektricität und andern Naturkräften verhält, Fragen, deren Beantwortung erst später die tiefe und umfassende Bedeutung des Energiebegriffes in der mathematischen Physik darlegen sollte.

Nachdem Helmholtz dieses Grundprincip der Mechanik für die Physik nach den verschiedensten Seiten hin durchforscht hatte, wandte er sich neben physiologischen Untersuchungen, wie schon aus seinen Berichten über die „Theorie der Akustik" hervorgeht, sehr allgemeinen mechanischen Problemen, specieller hydrodynamischen Untersuchungen zu und legte im Jahre 1858 in seiner berühmten Arbeit „Ueber die Integrale der hydrodynamischen Gleichungen, welche den Wirbelbewegungen entsprechen" die Grundlage zu einer völlig neuen Anschauung der Bewegung der Flüssigkeiten, die später durch W. Thomson und andere Physiker für die verschiedensten Theile der Naturwissenschaften fruchtbar gemacht wurde. Unter der Annahme, dass der Druck in einer idealen d. h. nicht reibenden Flüssigkeit nach allen Seiten derselbe sei, war es bereits Euler und Lagrange gelungen, analytische Beziehungen aufzustellen zwischen dem Drucke in der Flüssigkeit, deren Dichtigkeit, der Zeit, den Coordinaten eines Theilchens und einerseits den Geschwindigkeitscomponenten desselben, andererseits der Lage dieses Theilchens beim Beginne der Bewegung, und ferner die sogenannte Continuitätsgleichung zu folgern, welche aussagt, dass die Masse eines bestimmten materiellen Theilchens der Flüssigkeit sich mit der Zeit nicht ändere, also die Oberfläche der Flüssigkeit stets aus denselben Theilchen zusammengesetzt sein müsse. Alle diese Gleichungen bilden für die Theorie der Bewegung idealer Flüssigkeiten das Analogon zu dem oben erwähnten d'Alembert'schen Princip und führen die Bestimmung der variabeln Grössen durch die Zeit und die Anfangszustände auf ein rein mathematisches Problem zurück, dessen Auflösung uns, um mich einer Kirchhoff'schen Ausdrucksweise zu bedienen, die Bewegung beschreiben wird. Erkennt man allgemein einem auf ein System materieller Punkte wirkenden Kräftecomplex ein Potential zu, wenn die bei den unendlich kleinen Verrückungen des Systems von den Kräften geleistete Arbeit sich als die Zunahme ein und derselben nur von den Coordinaten der Punkte abhängigen Function, dem Potential, darstellen lässt, so ist in der That die eben bezeichnete Aufgabe in einzelnen Fällen gelöst worden, in welchen die Componenten der Geschwindigkeit jedes Wassertheilchens gleich gesetzt werden können den nach den entsprechenden Richtungen genommenen Ableitungen einer bestimmten Function, welche Helmholtz das Geschwindigkeitspotential nennt, und die wenigstens für incompressible Flüssigkeiten vermöge der Continuitätsgleichung dieselben Eigenschaften besitzt, welche dem Potential gravitirender Massen in Punkten ausserhalb dieser Massen zukommen. Aber ein solches Geschwindigkeitspotential existirt nicht immer, und desshalb greift Helmholtz das überaus schwierige Problem der Bewegungsformen in jener Arbeit, welche in dem Jahre seiner Uebersiedlung nach Heidelberg erschien, ganz allgemein an.

Zunächst erkennt er, dass die Veränderung, welche ein unendlich kleines Flüssigkeitsvolumen in einem unendlich kleinen Zeittheilchen erleidet, zusammengesetzt ist aus drei verschiedenen Bewegungen, einer Fortführung des Theilchens durch den Raum hin, einer Ausdehnung oder Zusammenziehung desselben nach drei auf einander senkrechten Richtungen und endlich einer Rotation um eine temporäre Drehaxe, wobei die Existenz von Rotationsbewegungen ausgeschlossen ist, wenn ein Geschwindigkeitspotential existirt. Helmholtz nennt nun Bewegungen, denen ein Geschwindigkeitspotential nicht zukommt, Wirbelbewegungen, und indem er die Aenderungen der Rotationsgeschwindigkeiten während der Bewegung zu bestimmen sucht, findet er, dass, wenn für alle Kräfte, welche auf die Flüssigkeit wirken, ein Potential existirt, diejenigen Flüssigkeitstheilchen, welche nicht schon Rotationsbewegungen haben, auch im Verlaufe der Zeit keine Rotationsbewegungen bekommen; nennt man nun eine Wirbellinie eine solche, deren Richtung überall mit der Richtung der augenblicklichen Rotationsaxe der dort befindlichen Theilchen zusammentrifft, so ergiebt sich der merkwürdige Satz, dass eine jede Wirbellinie fortdauernd aus denselben Theilchen zusammengesetzt bleibt, während sie mit diesen Theilchen in der Flüssigkeit fortschwimmt, und dass die Grösse der resultirenden Rotationsgeschwindigkeit in einem bestimmten Flüssigkeitstheilchen sich in demselben Verhältniss ändert wie der Abstand dieses Theilchens von seinen Nachbarn in der Wirbellinie. Bezeichnet man weiter als Wirbelfaden den durch einen unendlich dünnen Mantel von Wirbellinien eingeschlossenen Theil der Flüssigkeit, so bleibt das Product aus der Rotationsgeschwindigkeit und dem Querschnitt eines Wirbelfadens in der ganzen Länge desselben und auch bei der Fortbewegung constant, so dass ein Wirbelfaden nirgends in der Flüssigkeit aufhören darf, sondern entweder ringförmig innerhalb derselben in sich zurückläuft oder bis an die Grenzen dieser reicht. Indem nun Helmholtz noch die Lösung der Aufgabe angreift, aus den Wirbelgeschwindigkeiten die Bewegungsgeschwindigkeiten zu berechnen, hat er durch diese auch in mathematischer Beziehung höchst interessanten Untersuchungen die Reihe der Bewegungsformen wenigstens für die Vorstellung zugänglich gemacht, wenn auch die analytische Ausführung der Probleme nur in den einfachsten Fällen möglich war. Unter gewissen Voraussetzungen über die Natur der Umgebung enthalten die Wirbelfäden und Wirbelringe unveränderlich dieselbe Menge Flüssigkeit und sind in diesem Sinne unzerstörbar; dann werden zwei Wirbelringe, deren Axe dieselbe ist, und die gleiche Rotationsrichtung besitzen, in gleichem Sinne fortschreiten, und zwar wird der vorangehende sich erweitern und langsamer sich bewegen, der nachfolgende sich verengern und schneller fortschreiten, um schliesslich, vorausgesetzt dass die Fortpflanzungsgeschwindigkeiten innerhalb bestimmter Grenzen liegen, den andern einzuholen, durch ihn hindurchzugehen und jetzt bei der weiteren Bewegung die Rolle des ersteren zu übernehmen, wobei freilich in Wirklichkeit die Erscheinungen der Wirbelbewegung in Folge der Reibung sich sehr bald anders gestalten werden.

Die Gesetzmässigkeit und relative Stabilität der Wirbelerscheinungen hat W. Thomson, um die Theorie der Continuität der Materie und die Atomentheorie in einer Anschauung zu vereinigen, zu der interessanten Hypothese veranlasst, den Atomen die Gestalt von Wirbelringen des Aethers zu geben, und, indem er die Resultate der Theorie der Wirbelbewegung mit der Bewegung fester Körper in Flüssigkeiten in Verbindung brachte, ihn dazu geführt, jene Untersuchungen mit vorzubereiten, welche die Fernkräfte aus der Physik fortschaffen wollen, und auf die ich bei den späteren Arbeiten von Helmholtz wieder zurückkommen werde.

Aber sehr bald genügten Helmholtz seine bisher nur für reibungslose Flüssigkeiten angestellten hydrodynamischen Untersuchungen nicht mehr, und während der Bearbeitung seines so berühmt gewordenen Handbuchs der physiologischen Optik wurde er immer mehr zu der Ueberzeugung geführt, dass, wenn man bei der Behandlung von Bewegungsproblemen tropfbarer Flüssigkeiten auch nur einigermassen übereinstimmende Resultate zwischen Theorie und Experiment erzielen wolle, die Reibung der Flüssigkeitstheilchen unter einander, sowie diejenige an den Wänden des Gefässes, oder die innere und äussere Reibung nicht ausser Betracht bleiben dürfen. Wie man schon früher durch Versuche von Bessel angeregt das Problem der Schwingungen einer Pendelkugel unter dem Einfluss einer umgebenden Flüssigkeit behandelt hatte, untersucht er ebenfalls auf Grund Bessel'scher Beobachtungen mit Hülfe der bereits bekannten Bewegungsgleichungen für das Innere einer tropfbaren oder vielmehr incompressibeln Flüssigkeit, welche der Reibung unterworfen ist, die um einen der Durchmesser vor sich gehenden drehenden Schwingungen einer Pendelkugel, deren Hohlraum von einer reibenden Flüssigkeit erfüllt ist; es gelingt ihm, das Problem mathematisch durchzuführen, die Wellenbewegungen der Flüssigkeit mit Berücksichtigung der Reibung zu charakterisiren, und auf diese Weise die experimentell ausgeführten Bestimmungen der Reibungsconstanten der verschiedenen Flüssigkeiten mit den Ergebnissen der Theorie zu vergleichen.

Nachdem er noch durch ein Theorem von W. Thomson angeregt, wonach ein Körper, der in einer nicht reibenden Flüssigkeit nahe einer senkrechten Wand fällt, von dieser angezogen wird und zu ihr hineilt, zwei für Theorie und Praxis gleich wichtige Sätze aufgestellt, nach welchen unter gewissen Voraussetzungen für die Geschwindigkeiten die Strömungen reibender Flüssigkeiten durch cylindrische Röhren bei stationärem Strome sich so vertheilen, dass der Verlust an lebendiger Kraft durch die Reibung ein Minimum wird, und ein schwimmender Körper im langsamen stationären Strome sich im Gleichgewicht befindet, wenn die Reibung einen kleinsten Werth annimmt auch für die Variation der Geschwindigkeiten der Wassertheilchen, wie sie der möglichen Bewegung des Körpers an dessen Oberfläche entsprächen, dringt er, nachdem ihn schon seine allgemeine Transformationsmethode der Probleme der elektrischen Vertheilung auf die mathematisch so wichtigen Abbildungsprobleme geführt hatte, in der im Jahre 1868 veröffentlichten Arbeit „Ueber discontinuirliche Flüssigkeitsbewegungen" tiefer in die Lehre vom Ausfluss der Flüssigkeiten und der Bildung freier Strahlen ein und behandelt die hierfür charakteristischen Erscheinungen der Discontinuität der Bewegung und des Entstehens von Wirbeln. Helmholtz geht von der Ueberlegung aus, dass durch die Natur des Problems, die Entstehung freier Flüssigkeitsstrahlen zu beschreiben, von selbst das Eintreten einer Discontinuität gefordert wird, und dass somit die hydrodynamischen Grundgleichungen die Möglichkeit einer discontinuirlichen Beziehung der in ihnen vorkommenden Grössen zulassen müssen. In der That zeigte sich, dass in einer bewegten incompressibeln Flüssigkeit der Druck, dessen Verminderung der lebendigen Kraft der bewegten Flüssigkeitstheilchen direct proportional ist, sobald die letztere eine gewisse Grösse übersteigt, einen solchen negativen Werth annehmen wird, dass die Flüssigkeit zerreissen muss, und es wird nachgewiesen, dass jede geometrisch vollkommen scharf gebildete Kante, an welcher Flüssigkeit vorbeifliesst, selbst bei der mässigsten Geschwindigkeit der übrigen Flüssigkeit dieselbe zerreissen und eine Trennungsfläche herstellen wird, weil die Geschwindigkeit beim Umbiegen an der Kante unendlich gross wird, dass dagegen an unvollkommen ausgebildeten abgerundeten Kanten dasselbe erst bei grösseren Geschwindigkeiten stattfindet. Mit Hülfe von Methoden der Functionentheorie wird nun zum erstenmal die überaus schwierige Frage nach der Gestalt des freien Strahles unter der Voraussetzung mathematisch erörtert, dass von der Reibung abgesehen wird, äussere Kräfte nicht wirken, die Bewegung stationär ist, das Geschwindigkeitspotential nur von zwei Coordinaten abhängt, und dass Gefäss und Oeffnung ganz speciellen Bestimmungen unterliegen; endlich wird für die Beschreibung der Bewegung der Flüssigkeitstheilchen im Ausflussstrahle selbst die Fruchtbarkeit der früher in Betreff der Wirbel gewonnenen Resultate nachgewiesen.

Zugleich mit seinen hydrodynamischen Forschungen entwickelten sich schon im Anfange seiner Heidelberger Zeit die akustischen und aerodynamischen Untersuchungen; in seinen Arbeiten „Ueber Combinationstöne" und „Ueber die Klangfarbe der Vocale" nimmt er die schon in früheren kleineren Arbeiten vertretene Ansicht anderer Physiker wieder auf, dass jeder Klang d. h. jede Empfindung, wie sie die von einem einzelnen tönenden Körper ausgehende Luftbewegung erregt, sich zusammensetzt aus Empfindungen oder Tönen, wie sie durch eine einfache pendelartige Luftbewegung hervorgebracht werden, und formulirt diese Hypothese mathematisch dadurch, dass er von der Fourier'schen Darstellung einer jeden periodischen Bewegung durch eine Summe von sinus-Bewegungen ausgehend, die Höhe eines Klanges als die Höhe des tiefsten darin enthaltenen Tones, des Grundtones, definirt, während die übrigen als Obertöne bezeichnet werden. Die genauere experimentelle Untersuchung ergab, dass die musikalische Klangfarbe nur von der Anwesenheit und Stärke, aber nicht von den Phasenunterschieden der Obertöne abhängt, die in dem Klange enthalten sind, dass man die Klangmassen, die auf das Ohr eindringen, in ihre einfachen Bestandtheile zerlegen und aus diesen wieder zusammensetzen kann, und dass ferner die Vocalklänge sich von den Klängen der meisten andern musikalischen Instrumente wesentlich dadurch unterscheiden, dass die Stärke ihrer Obertöne nicht von der Ordnungszahl derselben, sondern von deren absoluter Tonhöhe abhängt. Immer wieder ist sein Bestreben erkennbar, auf allen Gebieten der Sinneswahrnehmungen den wesentlichen Unterschied festzustellen zwischen Empfindungen, insofern sie uns nur als Zustände unseres Körpers, speciell unserer Nervenapparate zum Bewusstsein kommen, wie die Obertöne, und den Wahrnehmungen, insofern wir aus ihnen uns die Vorstellung äusserer Objecte bilden, wie der aus den Partialtönen zusammengefasste Klang.

Nun war aber bei allen bisherigen Betrachtungen der Akustik die sehr allgemeine Hypothese gemacht worden, dass die schwingenden Bewegungen der Luft und anderer elastischer Körper, welche durch mehrere gleichzeitig wirkende Tonquellen hervorgebracht werden, immer die genaue Summe der Bewegungen sind, welche die einzelnen Tonquellen hervorbringen. Indem Helmholtz erkannte, dass dieses Gesetz nur in aller Strenge gilt, wenn die Schwingungen von unendlich kleiner Grösse sind, die Dichtigkeitsänderungen also so klein sind, dass sie verglichen mit der ganzen Dichtigkeit nicht in Betracht kommen, und ebenso die Verschiebungen der schwingenden Theilchen verschwindend klein sind gegenüber den

Dimensionen der ganzen Massen, gelangt er für den Fall, dass dieses Gesetz nicht zutrifft, zur Erklärung der Combinationstöne, deren objective Existenz unabhängig vom menschlichen Ohre er nachweist, und unterscheidet wieder von diesen Combinationstönen, bei welchen die Addition der Schwingungen ausserhalb oder innerhalb des Ohres Störungen erleidet, die Schwebungen, bei welchen die objectiven Bewegungen dem oben genannten Gesetze folgen, aber die Addition der Empfindungen nicht ungestört stattfindet.

Sehr bald greift er aber noch tiefer in die Theorie der Akustik ein und stellt mit den feinsten Hülfsmitteln der Analysis in seiner berühmten Abhandlung „Theorie der Luftschwingungen in Röhren mit offenen Enden" (1859) Untersuchungen über die Bewegung der Luft an, die seinen vorher besprochenen hydrodynamischen analog sind, indem er die Frage aufwirft, in welcher Weise sich ebene Schallwellen, die im Innern einer cylindrischen Röhre erregt werden und einem einfachen Tone entsprechen, bei ihrem Uebergange in den freien Raum verhalten, um vor allem die Schwingungsform zu ermitteln, welche sich schliesslich herstellt, wenn die die Schwingungen erregende Ursache dauernd und gleichmässig fortwirkt. Nachdem er die wichtigsten allgemeinen Sätze der Potentialfunction für die Lehre von den Schallwellen anwendbar gemacht, stellt er als Basis für die weitere Untersuchung den interessanten Satz auf, dass, wenn in einem Punkte eines mit Luft gefüllten Raumes Schallwellen erregt werden, das Geschwindigkeitspotential derselben in irgend einem andern Punkte ebenso gross ist, als es in dem ersteren sein würde, wenn im letzteren Wellen von derselben Intensität erregt würden, womit auch Gleichheit des Phasenunterschiedes in beiden Fällen verbunden ist. Und nun gelingt es ihm unter gewissen Beschränkungen für die Dimension der Oeffnung zwischen den im Innern der Röhre erzeugten ebenen und den sich halb kugelförmig ausbreitenden Wellen in den entfernten Theilen des freien Raumes gewisse Beziehungen herzuleiten, und damit die Frage über den Einfluss des offenen Endes auf die ebenen

Wellen zu beantworten. Die weitere Untersuchung liefert die Lage der Schwingungs-Maxima und -Minima und die davon abhängende Höhe der Töne stärkster Resonanz, und behandelt die schwierige Frage nach einer Reihe von Röhrenformen, für welche sich die Luftbewegung in der Mündung für Schallwellen grosser Wellenlänge charakterisiren lässt; besser stimmen die Ergebnisse der Rechnung mit dem Experiment, wie er in einer späteren Arbeit gezeigt hat, wenn noch die innere Reibung in der Luft in Rücksicht gezogen wird.

Alle diese Resultate seiner akustischen Untersuchungen, von denen ich dem Zwecke meines Vortrages entsprechend nur die mathematisch besonders interessanten hervorhebe, finden sich in zusammenhängender Darstellung in seinem berühmten Werke „Die Lehre von den Tonempfindungen als physiologische Grundlage für die Theorie der Musik" vereinigt, welches eine Fülle für die Geschichte und das Wesen der Musik wichtiger Resultate enthält. Es mag nur noch als von allgemeinerem Interesse hervorgehoben werden, dass er in der Musik in exact mathematischer Weise Melodie als die Grundlage der Musik von Harmonie, die nur zur Verstärkung der Melodie dient, trennen lehrte, und dass er für die längst bekannte Thatsache, dass die Schwingungszahlen der Töne in einem einfachen Verhältnisse stehen müssen, wenn ein harmonischer Eindruck hervorgebracht werden soll, die mathematische Begründung in dem Nachweise fand, dass die den Grundton begleitenden Partialtöne unangenehme Wirkungen auf das Ohr ausüben, wenn sich das Verhältniss der Schwingungszahlen der Grundtöne nicht durch kleine ganze Zahlen ausdrücken lässt. Es hat ihn, wie er sich ausdrückt, stets als ein wunderbares und interessantes Geheimniss angezogen, dass gerade in der Lehre von den Tönen, in den physikalischen Fundamenten der Musik sich die Wissenschaft des reinsten und consequentesten Denkens, die Mathematik, so fruchtbar erwies.

Aber auch die Vorgänge wesentlich mechanischer Natur im Innern des Gehörorgans unterwarf er in seinen hochinteressanten Arbeiten über die Mechanik der Gehörknöchelchen und des Trommelfells nach einer als Muster anatomischer Untersuchung allgemein anerkannten Analyse jenes Organs einer geistvollen mathematischen Behandlung. Durch eine Bemerkung Riemann's in einer hinterlassenen Schrift desselben angeregt, dass es die Hauptaufgabe der Mechanik des Ohres sei, die Möglichkeit zu erklären, dass der Trommelhöhlenapparat so ausserordentlich fein abgestufte Bewegungen von der Luft auf das Labyrinthwasser übertrage, wie er dies wirklich thut, wird er im Verlauf der Untersuchung zu wesentlich neuen und unerwarteten Ergebnissen geführt. Die Theorie der Schwingungen elastischer Körper zeigt ihm, dass bei den durch die hörbaren Töne hervorgerufenen Schwingungen der einzelnen Theilchen des Gehörapparats nur Verschiebungen derselben hervorgebracht werden, welche verschwindend klein sind im Vergleich mit der Amplitude der betreffenden Schallschwingungen, und diese sich somit annähernd wie feste Körper bewegen, und dass das Labyrinthwasser sowie die im Ohr enthaltene Luft sich unter dem Einfluss der Schallschwingungen wie eine absolut incompressible und daher der Schallschwingung unfähige Flüssigkeit verhalten. Eine sorgfältige und schwierige mathematische Untersuchung erforderte die Mechanik des Trommelfells als einer durch den Hammer gespannten und somit gekrümmten Membran.

Bevor ich mich nun zu einer kurzen Besprechung der weit späteren aerodynamischen Untersuchungen von Helmholtz wende, wenigstens insoweit sie unmittelbar das Interesse des Mathematikers beanspruchen, mag einer auf dem Grenzgebiete der Hydrodynamik und Aerodynamik sich bewegenden Arbeit aus dem Jahre 1873 „Ueber ein Theorem, geometrisch ähnliche Bewegungen flüssiger Körper betreffend, nebst Anwendung auf das Problem Luftballons zu lenken" Erwähnung geschehen, in welcher die hydrodynamischen Gleichungen dazu verwendet werden, Beobachtungsresultate, die an einer Flüssigkeit und an Apparaten von gewisser Grösse und Geschwindigkeit gewonnen worden sind, zu übertragen auf eine geometrisch ähnliche Masse einer andern Flüssigkeit und Apparate von anderer Grösse und anderer Bewegungsgeschwindigkeit. Die Ausdehnung der gewonnenen analytischen Resultate von den tropfbar incompressibeln Flüssigkeiten auf Gase führt zu einer Reihe von interessanten Anwendungen. So findet Helmholtz unter anderm, dass die Grösse der Vögel eine Grenze hat, wenn nicht die Muskeln in der Richtung weiter ausgebildet werden können, dass sie bei derselben Masse noch mehr Arbeit leisten als jetzt, und dass deshalb die Natur wahrscheinlich im Modell des grossen Geiers schon die Grenze erreicht hat, welche für die Grösse eines Geschöpfes erlangt werden kann, welches sich durch Flügel selbst heben und längere Zeit in der Höhe verbleiben soll; der Mensch hat somit wohl keine Aussicht, durch den allergeschicktesten flügelähnlichen Mechanismus, den er durch seine Muskelkraft zu bewegen hätte, sein Gewicht in die Höhe zu heben und dort zu erhalten. Wendet man jedoch das oben erwähnte Vergleichungsprincip auf die Zusammenstellung der Luftballons und der Schiffe an, so gelangt man zu dem interessanten Resultate, dass, wenn der Ballon etwa anderthalbmal so viel wiegt, als die arbeitenden Menschen, die er trägt, das Verhältniss zwischen Arbeitskraft und Gewicht dasselbe wäre, wie wir es in einem Kriegsdampfer dargestellt sehen.

Erst weit später, in den Jahren 1888—90, dehnt Helmholtz in seinen Arbeiten „Ueber atmosphärische Bewegungen" und „Die Energie der Wogen und des Windes" seine Untersuchungen über die Bewegung der Flüssigkeiten mit Berücksichtigung der innern Reibung auf diejenige der atmosphärischen Luft aus, um zu zeigen, wie sich auch in der Luftmasse durch continuirlich wirkende Kräfte Discontinuitätsflächen bilden können. Nachdem er durch streng mathematische Behandlung des Problems erkannt hatte, dass die Wirkungen der Reibung an der Erdoberfläche auf die höheren Luftschichten sehr unbedeutend sind, dass Vernichtung lebendiger Kraft durch Reibung hauptsächlich nur an der Bodenfläche und an den bei Wirbelbewegungen vorkommenden Trennungsflächen stattfindet, und dass ferner Wärmeaustausch, ausser an der Grenze gegen den Erdboden und an innern Discontinuitätsflächen, nur durch Strahlung und Fortführung warmer Lufttheilchen vor sich gehen kann, legt er sich die Frage vor, woher es kommt, dass die Circulation unserer Atmosphäre nicht weit heftigere Winde als in Wirklichkeit erregt. Er findet den Grund in der Vermischung verschieden bewegter Luftschichten durch Wirbel, welche durch Aufrollung von Discontinuitätsflächen entstehen, und in deren Innern die ursprünglich getrennten Luftschichten in immer zahlreicheren und dünner werdenden Lagen um einander gewickelt durch die ungeheuer ausgedehnte Berührungsfläche einen schnelleren Austausch der Temperatur und Ausgleichung ihrer Bewegung durch Reibung ermöglichen. Aber in weit höherem Grade werden die Wirkungen der Reibung und Wärmeleitung hervorgebracht durch Gleichgewichtsstörungen und Vermischung der atmosphärischen Schichten, welche durch die regelmässige Fortpflanzung von Wogen in der Atmosphäre veranlasst sind, die wie bei einer Wasserfläche durch die Uebereinanderlagerung von zwei Luftschichten verschiedenen specifischen Gewichtes entstehen. Wirklich sichtbar werden uns derartige Wellensysteme an der Grenzfläche verschieden schwerer Luftschichten erst dann, wenn die untere Schicht so weit mit Wasserdampf gesättigt ist, dass die Wellenberge, in denen der Druck geringer ist, Nebel zu bilden anfangen, und dann erscheinen streifige parallele Wolkenzüge, die sich über breite Himmelsflächen hin in regelmässiger Wiederholung erstrecken können. Helmholtz hält es daher für überaus wichtig, das Problem der Theorie der Wellen an der gemeinsamen Grenzfläche zweier Flüssigkeiten zu bearbeiten, beschränkt sich aber zunächst der grossen mathematischen Schwierigkeiten wegen auf den einfachsten Fall von der Bewegung geradliniger Wellenzüge, welche sich an der ebenen Grenzfläche unendlich ausgedehnter Schichten zweier verschieden dichter Flüssigkeiten in unveränderter Form und mit constanter Geschwindigkeit fortpflanzen. Wie eine ebene Wasserfläche, über die ein gleichmässiger Wind hinfährt, sich im Zustande labilen Gleichgewichts befindet und hierdurch wesentlich die Entstehung von Wasserwogen veranlasst, so wiederholt sich auch an der Grenze verschieden schwerer und aneinander entlang gleitender Luftschichten eben dieser Vorgang, nur in weit grösseren Dimensionen. Dies veranlasst Helmholtz, die Verhältnisse der Energie und ihre Vertheilung zwischen Luft und Wasser eingehend zu untersuchen und führt ihn auf Grund ganz allgemeiner mechanischer Speculationen, deren Auseinandersetzung den Schlussstein unserer Darlegung bilden wird, zu sehr interessanten, aber äusserst schwierigen Betrachtungen, welche den Unterschied stabilen und labilen Gleichgewichts in stationärer Bewegung begriffener Massen in ähnlicher Weise feststellen sollen, wie schon lange zuvor für ruhende Körper im Minimum der potentiellen Energie die Bedingung für das stabile Gleichgewicht gefunden worden; es stellt sich unter anderem heraus, dass für stationäre Wogen bei constant gehaltenem Geschwindigkeitspotential das stabile Gleichgewicht ebenfalls dem Minimum der Energie entspricht.

Ich wende mich nun zur Skizzirung der letzten grossen Kategorie seiner mathematisch-physikalischen Arbeiten, welche ihn schliesslich zu der so bedeutsamen Ausgestaltung der Principien der Mechanik führten, zu seinen Untersuchungen über Elektricität, die im Wesentlichen mit dem Jahre 1870 begannen, sich nahezu zehn Jahre fortsetzten und vor allem in den Arbeiten „Ueber die Bewegungsgleichungen der Elektricität für ruhende leitende Körper" (1870), „Ueber die Theorie der Elektrodynamik" (1870—74), und in dem „Vergleich des Ampère'schen und Neumann'schen Gesetzes für die elektrodynamischen Kräfte" (1873) niedergelegt sind; sie fallen zum Theil noch in die letzte Zeit seiner so segensreichen Wirksamkeit in Heidelberg, das er im Jahre 1871 verliess, um dem Rufe nach Berlin zu folgen. Die Gesetze der Elektrodynamik wurden damals in Deutschland von den meisten Physikern aus der Hypothese von Wilhelm Weber hergeleitet, welcher bei Aufstellung des Gesetzes von der Wechselwirkung elektrischer Massenpunkte, ausgehend von dem Gesetze Newton's für die Gravitationskraft und dem

Coulomb's für statische Elektricität, die Intensität der Kraft, welche sich durch den Raum mit unendlicher Geschwindigkeit ausbreiten sollte, dem Quadrate des Abstandes der auf einander wirkenden elektrischen Quanta umgekehrt, dem Producte der beiden Quanta aber direct proportional setzte, und zwar mit abstossender Wirkung zwischen gleichnamigen, mit anziehender zwischen ungleichnamigen Mengen, die Annahme Coulomb's jedoch dadurch ergänzte, dass er ausser den Abständen der wirkenden Theile auch die Geschwindigkeit und die Beschleunigung, mit der sich die beiden elektrischen Quanta einander näherten oder von einander entfernten, in das Gesetz mit aufnahm. Diese Annahme von Kräften, die nicht bloss von der Lage, sondern auch von der Bewegung der wirkenden Punkte abhängig sind, schien nun freilich den Ansichten von Helmholtz zu widerstreiten, der schon viel früher in seinen Untersuchungen über die Erhaltung der Kraft zu dem Satze gelangt war, dass Kräfte, die von den Entfernungen und den Geschwindigkeiten abhängen, das allgemeine Naturgesetz von der Erhaltung der Energie, welches sich auch in den elektro dynamischen Erscheinungen durchaus bestätigte, im Allgemeinen verletzen; aber er hatte den complicirteren Fall des Weber-schen Gesetzes, wo die Kräfte auch noch von den Beschleunigungen abhängen, damals nicht berücksichtigt, und es liess sich in der That zeigen, dass das Weber'sche Gesetz keinen Kreisprocess zulässt, der Arbeit aus Nichts erzeugt. Neben dieser Weber'schen Hypothese von der Wirkung zwischen elektrischen Massenpunkten stand unter andern die ältere von F. E. Neumann, welche, von dem Ampère'schen Gesetze ausgehend, nicht die Wirkung von Massenpunkt auf Massenpunkt, sondern von einem linearen Stromelement auf ein anderes giebt, und welche Helmholtz für einen der glücklichsten und fruchtbarsten Gedanken hält, welche die neuere mathematische Physik aufzuweisen hat; das aus der Weber-schen Hypothese abgeleitete Gesetz für die Wirkung zweier linearer Stromelemente unterschied sich jedoch von dem Neumann'schen Potentialgesetz, und Helmholtz sah sich in seinen Untersuchungen vor die Frage gestellt, ob die Weber'sche Hypothese in der That der Wirklichkeit entspreche, und wie sich das Neumann'sche und Weber'sche Gesetz zu der nachher zu erwähnenden Maxwell'schen Theorie verhalte.

Indem er nun erkennt, dass sich alle die verschiedenen Formen der Elementargesetze der inducirten elektrischen Ströme auf eine gemeinsame Form zurückführen lassen, aus welcher sie nur durch die verschiedenen Werthe einer darin enthaltenen Constanten hervorgehen, und dass alle Erscheinungen, die vollkommen geschlossene Ströme bei ihrer Circulation durch in sich zurücklaufende metallische Leitungskreise hervorrufen, sich aus den verschiedenen Hypothesen gleich gut ableiten lassen, während dieselben in unvollständig geschlossenen leitenden Kreisen zu wesentlich verschiedenen Folgerungen führen, entwickelt er zum Zwecke der Entscheidung mit Hülfe des von ihm verallgemeinerten Inductionsgesetzes die Bewegungsgleichungen der Elektricität in einem körperlich ausgedehnten Leiter. Er findet, dass dieselben für einen negativen Werth der unbestimmt gebliebenen Constanten, wie ihn die Weber'sche Annahme erfordert, einem labilen Gleichgewichtszustande der Elektricität entsprechen, und danach Strömungen sich entwickeln könnten, die zu unendlichen Stromstärken und unendlichen elektrischen Dichtigkeiten führen, während die Annahme eines positiven Werthes von Neumann für jene Constante auf diese Schwierigkeit nicht stossen würde. Aber diese Entwicklungen erlitten vielfache Angriffe, und es suchten die Gegner theoretisch und durch Versuche nachzuweisen, dass das von E. Neumann aufgestellte und von Helmholtz in erweiterter Anwendung durchgeführte Grundgesetz der elektrodynamischen Erscheinungen mit den experimentellen Erfahrungen unvereinbar sei. In der That besteht eine Differenz zwischen dem von E. Neumann für geschlossene Ströme aufgestellten Potentialgesetze, wenn dasselbe auf ungeschlossene Ströme angewandt wird, und der Form des Inductionsgesetzes, welches er selbst früher abgeleitet hatte, da das Potentialgesetz elektrodynamische Wirkungen nur der in den Leitern fortströmenden Elektricität und deren Fernewirkungen, nicht aber der mittels der Fortbewegung elektrisch geladener Körper fortgeführten Elektricität zuschreibt, während die Versuche zeigten, dass diese Annahme mit den Thatsachen in Widerspruch steht.

Mit wunderbarem Scharfsinn hatte Helmholtz von vornherein erkannt, dass die Entscheidung aller dieser Fragen nur durch die freilich sehr schwierige experimentelle Untersuchung der ungeschlossenen Ströme getroffen werden könne, wenn er auch anfangs nicht vermuthen konnte, dass diese Frage ihre Lösung darin finden würde, dass es überhaupt keine ungeschlossenen Ströme giebt, indem auch in dem Isolator, welcher die Leitung des Stromes unterbricht, Aenderungen in der Vertheilung der Elektricität vor sich gehen, wodurch scheinbar ungeschlossene Bewegungen der Elektricität zu geschlossenen werden.

Faraday, der die Hypothese von der Existenz der Fernkräfte nicht gelten lassen wollte, weil es ihm undenkbar schien, dass eine unmittelbare Wirkung zwischen zwei getrennten Körpern bestehen sollte, ohne dass in den zwischenliegenden Medien eine Veränderung vor sich gehe, suchte zuerst eine solche in Medien aufzufinden, welche zwischen elektrischen oder zwischen magnetischen Körpern lagen, und es gelang ihm in der That, in fast allen Körpern Magnetismus oder Diamagnetismus, sowie in gut isolirenden Körpern unter der Einwirkung elektrischer Kräfte eine Veränderung nachzuweisen, welche er als dielektrische Polarisation der Isolatoren bezeichnete. Wenn man nun mit Faraday und Maxwell, welcher diese Hypothesen mathematisch geformt hat, annimmt, dass in den Isolatoren elektrische Bewegungen mit elektrodynamischer Wirksamkeit eintreten können, wodurch dieselben dielektrisch polarisirt werden, so ergiebt sich die vollständige Theorie aus einer Modification des Potentialgesetzes.

Theils vor, theils zwischen diese für die Theorie der Elektrodynamik so wichtigen Arbeiten fallen seine Untersuchungen über die Gesetze der Vertheilung der elektrischen

Ströme in körperlichen Leitern und über elektrische Grenzschichten. In diesen wird das bekannte Theorem von der Belegung einer Oberfläche mit Elektricität für elektromotorische Kräfte als Princip der elektromotorischen Oberfläche dahin erweitert, dass stets eine bestimmte Vertheilung elektromotorischer Kräfte auf der Oberfläche eines Leiters sich angeben lässt, welche in allen andern angelegten Leitern genau dieselben abgeleiteten Ströme hervorbringen würde, wie die im Innern des Leiters beliebig vertheilten constanten elektromotorischen Kräfte, und ferner wird nachgewiesen, dass die bisherige Annahme, dass Elektricität, wenn sie sich in einem oder mehreren Körpern ins Gleichgewicht setzt, das Innere der Körper gänzlich verlässt und nur auf der Oberfläche derselben eine unendlich dünne Schicht bildet, nur so lange statthaft ist, als wir es mit einer einfachen elektrischen Grenzschicht eines Leiters, der ohne Sprung im Werthe der Potentialfunction die benachbarten Leiter oder Isolatoren berührt, zu thun haben; in denjenigen Fällen dagegen, wo ein Sprung im Werthe der Potentialfunction an der Grenze zweier verschiedener Körper eintritt, also wenn zwei Leiter unter dem Einflusse einer zwischen ihnen wirkenden galvanischen Kraft sich berühren, wird längs der Grenzfläche eine elektrische Doppelschicht sich ausbilden, deren Dicke W. Thomson bereits bei der galvanischen Spannung zwischen Kupfer und Zink berechnet hatte und deren Bedeutung für die Gesetze der durch elektrische Strömung verursachten Wasserströmung durch Capillarröhren Helmholtz auf Grund des zwischen Gefässwand und Flüssigkeit bestehenden elektrischen Potentialunterschiedes erörtert.

Inzwischen waren aber die Anschauungen Maxwell's, der, wie schon erwähnt, an Faraday anknüpfend die Fernewirkung durch die Wirkung eines Zwischenmediums ersetzte, von entscheidendem Einfluss auf die Arbeiten von Helmholtz geworden, der in einer 1881 veröffentlichten Untersuchung „Ueber die auf das Innere magnetisch oder dielektrisch polarisirter Körper wirkenden Kräfte" nachweist, dass, um die von Poisson gegebenen Bewegungsgesetze starrer Magnete oder magnetisirbaren Eisens im Lufträume zu erhalten, allein die Annahme des Gesetzes von der Constanz der Energie für diese Erscheinungen es ermöglicht, ohne alle Zuziehung von Hypothesen über die innere Constitution elektrisch oder magnetisch polarisirter Körper die ponderomotorischen Kräfte zu finden, welche auf die inneren Theile solcher Körper einwirken, und bei Formänderungen derselben sich geltend machen. Die analytische Behandlung führt ihn zu Ausdrücken, aus denen die Fernkräfte ganz verschwinden und ersetzt sind durch die Reactionen des polarisirten Mediums; so gelangt er allmählig mehr zu den Anschauungen von Faraday und Maxwell, die auch in dem von ponderabler Substanz leeren Raume den Aether als Träger der Spannungen betrachten und in den in Leitern stattfindenden elektrischen Bewegungen nichts anderes sehen als ein Entstehen und Vergehen der Polarisationen in den Isolatoren. Und noch enger schliesst sich Helmholtz diesen Anschauungen in der im Jahre 1882 erschienenen Arbeit „Ueber absolute Maasssysteme für elektrische und magnetische Grössen" an, in welcher er ausdrücklich der Theorie von Faraday-Maxwell den Vorzug giebt vor allen andern elektrodynamischen Theorieen, welche directe Fernewirkung annehmen, deren Grösse und Richtung von den absoluten oder relativen Bewegungen je zweier elektrischer Quanta abhängen, da sie weder das Princip der Endlichkeit und Constanz der Energie, noch das der Gleichheit der Action und Reaction verletze, und zunächst, um der Theorie nur die conservativen Vorgänge zu Grunde zu legen, diejenigen Processe ausschliesse, bei denen nach Art der Reibung Wärme erzeugt und elektrische oder magnetische Energie verloren wird.

Diese Arbeit, in der er durch die von Faraday gefundenen Thatsachen zu der Frage angeregt wurde, ob Fernewirkungen überhaupt existiren und in Betracht gezogen werden müssten, weist schon auf die völlig neue Gedankenreihe hin, welche in ihm seine bald folgenden, für die Principien der Mechanik so hochbedeutsamen Entdeckungen vorbereitete. Aber es war zunächst noch eine weitere und tiefere Durchforschung anderer naturwissenschaftlicher Gebiete erforderlich, um daraus eine Behandlung der Principien der Mechanik hervorgehen zu lassen, welche die Gesetze für alle Erscheinungen der Natur einheitlich entwickelte, und desshalb wendet sich Helmholtz im Jahre 1882 in seinen Abhandlungen „Ueber die Thermodynamik chemischer Vorgänge" der theoretischen Chemie zu, indem er die Grundlehren der mechanischen Wärmetheorie auf die chemischen Vorgänge anwendet, und schon deutlich die verallgemeinerte Auffassung der Principien der Mechanik erkennen lässt, die hier freilich noch vollständig in physikalische Form gekleidet ist.

Da der Verlust von mechanischer Energie durch Reibung Wärme entstehen lässt, und der Gewinn von mechanischer Energie einen Verlust von Wärme bedingt, da ferner die Menge der verlorenen und gewonnenen Energie proportional ist der Menge der gewonnenen und verlorenen Wärme, so durfte man die Wärme als eine Form der Energie betrachten und gelangte zu der Annahme, dass jedes Partikel eines warmen Körpers sich fortwährend mit beständig variirender Bewegungsrichtung so schnell bewegt, dass dasselbe eine geringe oder gar keine Veränderung seines Ortes im Körper erfährt; es wird somit stets ein Theil der Energie eines warmen Körpers die Form der kinetischen Energie der kleinsten Theile haben. Es wird nun die Energie, da jede Art derselben in Wärme verwandelt werden kann, in der Form von Wärme gemessen werden können; aber das Princip von der Erhaltung der Energie giebt keinen Aufschluss darüber, ob Arbeit unbegrenzt in Energie der Wärme und letztere unbegrenzt in Arbeit verwandelbar ist, und wie es sich damit bei all' den andern Naturkräften verhält, und auf diese in praktischer und theoretischer Beziehung so wichtige Bestimmung richtete nun Helmholtz zunächst seine Aufmerksamkeit, indem er untersuchte, ein wie grosser Theil der Wärme, die in einem galvanischen Elemente bei chemischen Processen entwickelt wird, sich als Stromesarbeit wiederfindet, und die Energieformen in verschiedene Rangstufen ordnete, je nachdem sie mehr oder weniger vollkommen in mechanische Arbeit verwandelbar sind. Die bisherigen Untersuchungen über die Arbeitswerthe chemischer Vorgänge bezogen sich fast ausschliesslich auf die bei Herstellung und Lösung einer Verbindung auftretenden oder verschwindenden Wärmemengen, während doch mit den meisten chemischen Veränderungen auch Aenderungen des Aggregatzustandes und der Dichtigkeit der Körper verbunden sind, und diese letzteren Arbeit in Form von Wärme und anderer, unbeschränkt verwandelbarer Arbeit erzeugen oder verbrauchen. Da nun bei den meisten chemischen Vorgängen die Veränderungen des Schmelzens, Verdampfens u. s. w. auch Wärme aus der Umgebung herbeiziehen, so wird man auch bei diesen nach der Entstehung dieser zwei Formen von Arbeitsäquivalenten fragen müssen, und wenn man weiter bedenkt, dass die chemischen Kräfte nicht bloss Wärme, sondern auch andere Formen der Energie hervorbringen können, ohne dass irgend eine der Grösse der Leistung entsprechende Aenderung der Temperatur in den zusammenwirkenden Körpern einzutreten braucht, so scheint es nothwendig, dass auch bei den chemischen Vorgängen eine Scheidung eintreten muss zwischen dem Theile ihrer Verwandtschaftskräfte, welcher in andere Arbeitsformen frei verwandelt werden kann, und dem nur als Wärme erzeugbaren Theile. Diese beiden Theile der innern Energie bezeichnet nun Helmholtz als freie und gebundene Energie und findet, dass die aus dem Ruhezustande und bei constant gehaltener gleichmässiger Temperatur des Systems von selbst eintretenden und ohne Hülfe einer äussern Arbeitskraft fortgehenden chemischen Processe nur in solcher Richtung vor sich gehen können, dass die freie Energie abnimmt, dass somit unter Voraussetzung unbeschränkter Gültigkeit der Sätze der mechanischen Wärmetheorie die Werthe der freien Energie darüber entscheiden, in welchem Sinne die chemische Verwandtschaft thätig werden kann, wobei die Berechnung derselben sich der Regel nach nur bei solchen Veränderungen ausführen lässt, die im Sinne der Thermodynamik vollkommen reversibel sind.

Er war durch die Fragen, ob und wann die latente Wärme der bei der Wasserzersetzung sich entwickelnden Gase auf die elektromotorische Kraft von Ketten Einfluss habe, zu dem Begriffe der freien chemischen Energie geführt worden, bedurfte jedoch, um diesen Begriff verwerthen zu können, zunächst einer analytischen Umgestaltung der Principien der Thermodynamik. In den bisherigen Anwendungen des Begriffes der potentiellen Energie waren Aenderungen der Temperatur der Regel nach nicht berücksichtigt, weil entweder die Kräfte, deren Arbeitswerth man berechnete, überhaupt nicht von der Temperatur abhängen, wie z. B. die Gravitation, oder weil die Temperatur während der untersuchten Vorgänge als constant, oder als Function bestimmter mechanischer Aenderungen, wie z. B. bei der Schallbewegung als Function der Dichtigkeit des Gases angesehen werden konnte. Wenn nun aber auch z. B. in letzterem Falle die Dichtigkeit eine Function der Temperatur ist, so blieb doch die im Werthe jedes Potentials vorkommende willkürliche Constante für jede neue Temperatur zu bestimmen, und man konnte die Uebergänge von der einen zur andern Temperatur nicht machen.

Helmholtz zeigt nun, dass die thermodynamischen Gleichungen zu ihrer Darstellung nur die Differentialquotienten des als Function der Temperatur vollständig bestimmten sogenannten Ergals erfordern, welches bei allen in constant bleibender Temperatur vorgehenden Uebergängen den Werth der potentiellen Energie darstellt, und das er als die freie Energie bezeichnet, so dass, wenn die Differenz der gesammten inneren Energie und des Ergals die gebundene Energie genannt wird, die letztere durch die Temperatur dividirt die früher eingeführte Entropie liefert. Um ferner das, was die theoretische Mechanik bisher als lebendige Kraft oder actuelle Energie bezeichnet hat, deutlich zu unterscheiden von den Arbeitsäquivalenten der Wärme, die auch grösstentheils als lebendige Kraft unsichtbarer Molecularbewegungen aufzufassen sind, nennt er erstere lebendige Kraft geordneter Bewegung, wobei geordnete Bewegung — und diese Unterscheidungen sind für die späteren Arbeiten von Helmholtz von fundamentaler Bedeutung — eine solche ist, bei welcher die Geschwindigkeitscomponenten der bewegten Massen als differentiirbare Functionen der Raumcoordinaten angesehen werden können, ungeordnete Bewegung dagegen eine solche, bei welcher die Bewegung jedes einzelnen Theilchens, wie bei der Wärmebewegung, keinerlei Aehnlichkeit mit der seiner Nachbarn zu haben braucht, die also auch vermöge der verhältnissmässig groben Hülfsmittel, über die wir verfügen können, nicht in andere Arbeitsformen frei verwandelbar ist, so dass Helmholtz in diesem Sinne die Grösse der Entropie als das Maass der Unordnung bezeichnen darf. Wird eine Zustandsänderung bei constant bleibender Entropie als eine adiabatische definirt, so ergiebt sich die Entropie als Wärmecapacität für die auf Kosten der freien Energie bei adiabatischem Uebergange erzeugte Wärme; bei allen Zustandsänderungen, bei denen die Temperatur constant ist, wird Arbeit nur auf Kosten der freien Energie geleistet, die gebundene ändert sich dabei auf Kosten der ein- und austretenden Wärme. Aus der Zusammenfassung dieser Resultate geht hervor, dass alle äussere Arbeit auf Kosten der freien Energie geliefert wird, alle Wärmeabgabe auf Kosten der gebundenen, und endlich bei jeder Temperatursteigerung im System freie Energie in dem angegebenen Betrage in gebundene übergeht, und hieraus leitet Helmholtz Resultate über das Abgeben und Binden von Wärme bei der Bildung und Zerlegung chemischer Verbindungen ab, die durch die Beobachtungen an galvanischen Elementen bestätigt werden.

In den letzten zehn Jahren seines Lebens von 1884—94 wendet sich nun Helmholtz zu seinen grossen Arbeiten über die Principien der Mechanik, in denen er all' die theoretischen Folgerungen verwerthet, die er auf dem langen und beschwerlichen Wege des Forschens auf sämmtlichen Gebieten der Physik und Physiologie gesammelt.

Die allgemeinen Principien der Mechanik, das d'Alembert'sche Princip, das Gesetz von der Bewegung des Schwerpunktes, der Flächensatz, das Princip von der Erhaltung der lebendigen Kraft und das Princip von der kleinsten Action wurden alle unter der Voraussetzung Newton'scher Kräfte und meist unter der Annahme fester Verbindungen zwischen den Punkten des Systems bewiesen. Man hat aber später durch Beobachtung gefunden, dass die so hergeleiteten Sätze eine viel allgemeinere Geltung in der Natur in Anspruch nehmen durften, als aus ihrem Beweise folgte, und danach vermuthet, dass gewisse allgemeine Eigenschaften der Newton'schen conservativen Anziehungskräfte allen Naturkräften zukommen, während man andererseits zweifelhaft wurde, ob z. B. die Anwendung des Princips der gleichen Wirkung und Gegenwirkung allgemein berechtigt sei, und war durch derartige Ueberlegungen, wie schon früher angedeutet, zu der Hypothese geführt worden, die Fernewirkung in continuirlich in einem unsichtbaren Medium vertheilte dynamische Einwirkungen aufzulösen und so eine Analogie herzustellen mit der Wirkungsweise einer Feder oder eines Seiles beim Uebertragen von Kraft. Da es aber die Aufgabe der Physik ist, die Erscheinungen der Natur auf die einfachen Gesetze der Mechanik zurückzuführen, so entstand zunächst die wichtige Frage, wie baut sich die Mechanik selbst in der einfachsten Weise auf, und welches sind, wie Hertz es ausdrückt, die letzten und einfachsten Gesetze derselben, denen jede natürliche Bewegung gehorcht, die keine Bewegung zulassen, deren Vorkommen in der Natur schon nach dem Standpunkte unserer heutigen Erfahrung ausgeschlossen ist, und aus denen sich, als den eigentlichen Principien der Mechanik, ohne weitere Berufung auf die Erfahrung die gesammte Mechanik rein deductiv entwickeln lässt. Bis zu den bahnbrechenden Untersuchungen von Helmholtz über die Erhaltung der Energie hatte sich die Mechanik, wie schon oben hervorgehoben wurde, auf Grund der Galileischen Vorstellung von der Trägheit der Massen und der drei Newton'schen Gesetze von der Bewegung entwickelt, aber man wurde sich, wenn man das gesammte Gebäude der Mechanik auf dieser Grundlage systematisch und streng aufzuführen versuchte, der Unklarheiten in der Definition der mechanischen Begriffe, des Mangels an Strenge in den Beweisen für die elementaren Sätze der Statik, für den Satz von dem Parallelogramm der Kräfte, den Satz der virtuellen Geschwindigkeiten u. s. w. sehr bald bewusst, ganz abgesehen davon, dass die Fernkräfte, die molecularen Kräfte, die chemischen, elektrischen und magnetischen Kräfte sich der unmittelbaren Erfahrung überhaupt entzogen.

Die Auffindung des Princips von der Erhaltung der Energie ermöglichte einen einheitlichen Aufbau der theoretischen Mechanik; der Begriff der Kraft rückte in den Hintergrund, Masse und Energie traten als gegebene unzerstörbare physikalische Grössen auf; die vorhandene Energie ergab sich aus zwei Theilen zusammengesetzt, von denen der eine, die kinetische Energie, durch eine in allen Fällen gleiche Abhängigkeit von den Geschwindigkeiten der bewegten Massen gegeben, der andere, die potentielle Energie, durch die gegenseitige Lage der Massen bestimmt, aber in jedem Falle erst aus deren besonderer Natur zu ermitteln ist; die Discussion der verschiedenen Formen der Energie sowie der Bedingungen ihrer Ueberführung von einer Form in die andere bildete den Inhalt der gesammten Physik und Chemie. Um nun den Verlauf der Erscheinungen zu beschreiben, also die Coordinaten der Punkte des Systems als Functionen der Zeit festzustellen, legt Helmholtz nicht, wie es meist bisher geschehen, die Bewegungsgleichungen zu Grunde, um daraus wiederum die allgemeinen Principien der Mechanik abzuleiten, weil zu diesem Zwecke gewisse Voraussetzungen über die wirkenden Kräfte und über die beschränkenden Bedingungen des Problems zu machen sind, welche grosse und umfassende Kategorien der durch die Principien dargestellten Bewegungen ausschliessen würden, sondern er geht von einem dieser Principien selbst aus, welches eine ganze Reihe von Beziehungen zwischen jeder Art von möglichen Kräften herzuleiten gestattet, die unter den obigen Bedingungen fehlten und doch in der Natur sich finden, nämlich von dem Princip der kleinsten Wirkung.

Dieser Gegenstand bildet den Inhalt der Arbeiten, welche Helmholtz unter dem Titel „Ueber die physikalische Bedeutung des Princips der kleinsten Wirkung" und „Zur Geschichte des Princips der kleinsten Action" in den Jahren 1886 und 1887 veröffentlicht hat, und welche nach der Ansicht von Hertz zur Zeit den äussersten Fortschritt der Physik bezeichnen. Definirt man nach Leibnitz als quantitatives Maass der aus dem Beharrungsvermögen der bewegten Masse folgenden Action das Product aus der Masse, der Weglänge und der Geschwindigkeit oder das Product aus der lebendigen Kraft und der Zeit, so verlangt das Princip der kleinsten Action, dass der Gesammtbetrag der Action für den Uebergang aus einer gegebenen Anfangslage in eine gegebene Endlage ein Minimum oder für längere Strecken jedenfalls ein Grenzwerth sei unter all' den veränderten benachbarten Werthen, für welche die Variation dadurch bewirkt wird, dass man die Coordinaten der einzelnen während des Ueberganges eintretenden Lagen des Körpersystems, gleichzeitig aber auch die Zeit variirt, und zwar so, dass der vorhandene Betrag der Energie des Systems nicht geändert wird. Dieser letzteren Forderung kann aber entweder dadurch genügt werden, dass man verlangt, dass nur der zur Zeit in der unvariirten Bewegung bestehende Betrag der Energie nicht geändert werde, ohne die Grösse dieses Betrages vorzuschreiben, welcher sich möglicherweise im Laufe der normalen Bewegung anderweitig ändern könnte — und so haben Lagrange und Hamilton das Problem behandelt — oder es wird, wie es Jacobi unter der Voraussetzung, dass die potentielle Energie von der Zeit unabhängig ist, gethan, verlangt, dass der Betrag der Energie einen vorgeschriebenen Werth behalte, in welchem Falle man diese Beziehung benutzen kann, um das Increment der Zeit aus der Action zu eliminiren. Physikalisch ist Jacobi's einschränkende Bedingung für ein vollständig bekanntes und in sich abgeschlossenes Körpersystem, wie das Energieprincip zeigte, stets als gültig anzusehen, während die Lagrange-Hamilton'sche Form die Bewegungsgleichungen auch für unvollständig abgeschlossene Systeme durchzuführen gestattet, auf welche veränderliche äussere Einflüsse wirken, die von einer Rückwirkung des bewegten Systems unabhängig angesehen werden.

Hamilton hat nun mit Beibehaltung der Lagrange'schen Bedingungen dem Princip der kleinsten Action noch eine andere Form gegeben, die man das Hamilton'sche Princip nennt; wird nämlich die Hamilton'sche Principalfunction definirt als Differenz der potentiellen Energie und der lebendigen Kraft des Systems, so sagt das Hamilton'sche Princip aus, dass der für gleiche Zeitelemente berechnete negative Mittelwerth der Principalfunction bei der normalen Bewegung zwischen den Endlagen ein Grenzwerth wird.

Zunächst haben aber Lagrange, Hamilton und Jacobi das von Maupertuis (1744) aufgestellte, aber in keiner Weise begründete Princip nur unter der physikalischen Voraussetzung der Newton'schen Gesetze bewiesen und daraus die Bewegung der Punkte eines materiellen Systems hergeleitet, für welches nur feste Verbindungen derselben unter einander als beschränkende Bedingungen auftraten, und zwar unter der ausdrücklichen Annahme der Gültigkeit des Satzes von der Constanz der Energie. Nachdem aber Helmholtz gefunden, dass das Gesetz von der Constanz der Energie allgemein gültig ist, war diese letztere Voraussetzung keine Beschränkung mehr, wenn man nur für den untersuchten Vorgang alle Formen kennt, in denen Aequivalente von Energie auftreten, und es blieb also nur noch die Frage zu entscheiden, ob auch andere physikalische Vorgänge, welche nicht einfach auf Bewegungen wägbarer Massen und auf Newton's Bewegungsgesetze zurückzuführen sind, in denen sich aber doch Energiequanta bethätigen, auch unter das Princip der kleinsten Wirkung begriffen werden dürfen. Wie man früher schon die Kräfte der Wärme auf die verborgenen Bewegungen greifbarer Massen zurückgeführt hatte, und wie Maxwell in den elektrodynamischen Kräften die Wirkung der Bewegung verborgener Massen erkannte, so wollte Helmholtz nun allgemein verborgene Bewegung und

Bewegung und Energie verborgener Massen in die Behandlung physikalischer Probleme einführen, da er in dem hinter den Dingen liegenden Unsichtbaren nichts anderes als Bewegung und Masse sah, welche nur für unsere Sinne nicht immer nachweisbar sind. Und so wählte er zur Darstellung der gesammten Bewegung das Hamilton'sche Princip, welches, wie er erkannte, zulässt, dass auf das mechanische System, dessen innere Kräfte als von der Zeit unabhängige Differentialquotienten von Kräftefunctionen der sichtbaren Coordinaten des Systems darstellbar sind, noch äussere von der Zeit abhängige Kräfte wirken, deren Arbeit besonders berechnet wird, welche also nicht zu den conservativen Bewegungskräften gehören, sondern durch andere physikalische Processe bedingt sind.

Da, wie schon Lagrange gezeigt, die nach aussen gewendeten Kräfte des bewegten Systems sich durch die Principalfunction ausdrücken lassen, nennt Helmholtz dieselbe das kinetische Potential, und lässt somit das Princip der kleinsten Wirkung die für den Verlauf einer jeden physikalischen Erscheinung allgemein gültige Eigenschaft aussagen, dass der für gleiche Zeitelemente berechnete negative Mittelwerth des kinetischen Potentials auf dem Wege der wirklichen Bewegung des Systems im Allgemeinen ein Grenzwerth ist im Vergleich mit allen andern benachbarten Wegen, die in gleicher Zeit aus der Anfangslage in die Endlage führen. Das kinetische Potential geht für die Ruhe in den Werth der potentiellen Energie über, und das Hamilton'sche Princip lässt dann für das Gleichgewicht ein Minimum der potentiellen Energie erkennen. Es war schon für Systeme wägbarer Massen bekannt, dass, wenn einzelne der Coordinaten nur in ihrem Differentialquotienten in den Werth der Principalfunction eintreten, und die entsprechenden Kräfte gleich Null sind, der Lagrange'sche Ausdruck für die an den andern Coordinaten wirkenden Kräfte sich analytisch, genau wie im allgemeinen Falle, als dieselbe Function einer transformirten Principalfunction darstellt, welche nicht mehr wie früher die Ableitungen der Coordinaten nur in der zweiten, sondern auch in der ersten Dimension enthält, so dass also auch Formen des kinetischen Potentials eintreten können, in denen die Trennung der beiden Formen der Energie in kinetische und potentielle Energie nicht zu erkennen ist, vielmehr das kinetische Potential irgend welche Function der allgemeinen Coordinaten und der entsprechenden Geschwindigkeiten sein kann. Dadurch wurde Helmholtz zu der Frage geführt, welche Form die Principalfunction annehmen darf, damit der Lagrange'sche Ausdruck für die äusseren Kräfte unverändert bleibt, und er fand zunächst, dass dieser Forderung genügt wird, wenn dieselbe um eine Summe von Producten der Coordinaten und der in der Richtung dieser Coordinaten wirkenden als Function der Zeit gegebenen äusseren Kräfte vermehrt wird, da der in dieser Form erweiterte Minimalsatz bei der Variation wiederum den Lagrange'schen Ausdruck für die Kräfte liefert.

Die Wichtigkeit der von Lagrange gegebenen Form der Bewegungsgleichungen, auch auf Fälle anwendbar zu sein, wo neben der potentiellen und actuellen Energie wägbarer Massen namentlich auch die thermischen, elektrodynamischen und elektromagnetischen Arbeitsäquivalente in Betracht kommen, hatte Helmholtz bereits dadurch erwiesen, dass er die Gesetze der reversibeln Wärmevorgänge in der Form von Lagrange's Bewegungsgleichungen also auch des Minimalsatzes des kinetischen Potentials ausdrückte, welches aber die Temperatur als Maass der Intensität der thermischen Bewegungen nicht, wie die lebendige Kraft ponderabler Systeme die Geschwindigkeiten, nur in quadratischer Form enthält. Will man also die allgemeinen Eigenschaften der Systeme, die durch das Princip der kleinsten Wirkungen regiert werden, kennen lernen, so muss man die Annahme fallen lassen, wonach die Geschwindigkeiten nur in dem Werthe der lebendigen Kraft und zwar in Form einer homogenen Function zweiten Grades vorkommen, und das Princip unter der Voraussetzung erörtern, dass die Principalfunction eine beliebige Function der Coordinaten und der Geschwindigkeiten ist. Die wesentliche Veranlassung zu diesen allgemeinen Betrachtungen war für Helmholtz die

Untersuchung der Form des kinetischen Potentials gewesen, welches Maxwell's Theorie der Elektrodynamik fordert, und in welchem die Geschwindigkeiten der Elektricität in einer Function zweiten Grades auftraten, deren Coefficienten nicht Constanten werden, wie es die Massen in dem Werthe der lebendigen Kraft ponderabler Systeme sind, und ausserdem lineare Functionen der Geschwindigkeiten hinzutreten, sobald permanente Magnete in Wirkung kommen.

Da nun auch die Erscheinungen des Lichts sich im Wesentlichen durch die Hypothese erklären lassen, dass der Aether ein Medium von ähnlichen Eigenschaften ist wie die festelastischen wägbaren Körper, und somit das Princip der kleinsten Wirkung für die Lichtbewegung jedenfalls als gültig angesehen werden muss, so betrachtet Helmholtz schon jetzt den Gültigkeitsbereich des Princips der kleinsten Wirkung weit über die Grenze der Mechanik wägbarer Körper hinausgehend und hält es für höchst wahrscheinlich, dass es das allgemeine Gesetz aller reversibeln Naturprocesse sei, wobei noch zu beachten, dass auch die Irreversibilität nicht im Wesen der Sache, sondern nur auf der Beschränktheit unserer Hülfsmittel beruhe, die es uns nicht möglich machen, ungeordnete Atombewegungen wieder zu ordnen, also z. B. die Bewegung aller in Wärmebewegung begriffenen Atome genau rückwärts gehen zu machen.

Die Allgemeingültigkeit des Princips der kleinsten Wirkung bildet aber ein wesentliches Hülfsmittel, die Gesetze neuer Klassen von Erscheinungen zu formuliren, indem es die sämmtlichen für diese Erscheinung wesentlichen Bedingungen in einen einzigen mathematischen Ausdruck zusammenfasst; alle die Fälle physikalischer Vorgänge, in denen das kinetische Potential in den Geschwindigkeiten lineare Glieder enthält, nennt Helmholtz Fälle mit verborgener Bewegung. Zunächst wird gezeigt, dass das Princip der kleinsten Wirkung in der oben angegebenen allgemeinen Form das Princip von der Constanz der Energie stets einschliesst, und der Werth der Energie aus dem Werthe des kinetischen Potentials berechnet; da jedoch nicht umgekehrt in jedem Falle, wo die Constanz der

Energie gewahrt ist, auch das Princip der kleinsten Wirkung gilt, so wird das letztere mehr aussagen als das erstere, und noch eine besondere Eigenschaft der vorhandenen Naturkräfte ausdrücken, die nicht schon durch ihren Charakter als conservative Kräfte gegeben ist. Die Herleitung des Werthes des kinetischen Potentials aus dem der Energie bringt willkürliche Grössen hinein, welche homogene Functionen ersten Grades der Geschwindigkeiten sind, und ist desshalb von Bedeutung, weil es nunmehr möglich sein wird, aus der vollständigen Kenntniss der Abhängigkeit der Energie von den Coordinaten und Geschwindigkeiten das kinetische Potential und somit die Bewegungsgesetze des Systems zu ermitteln, vorausgesetzt, dass das Princip der kleinsten Wirkung gültig ist, und es gelingt, die nach den Geschwindigkeiten linearen Glieder, welche verborgenen Bewegungen entsprechen, zu finden.

Nachdem Helmholtz einige allgemeine Wechselbeziehungen zwischen den Kräften, die das System gleichzeitig nach verschiedenen Richtungen hin ausübt, seinen Beschleunigungen und Geschwindigkeiten entwickelt, die z. B. das thermodynamische Gesetz ergeben, dass, wenn Steigerung der Temperatur den Druck eines Körpersystems steigert, Compression desselben die Temperatur steigern wird, weist er wenigstens für eine beschränkte Anzahl von Coordinaten nach, dass auch umgekehrt das Princip der kleinsten Wirkung jedesmal gültig ist, wenn eben diese Wechselbeziehungen der Kräfte bestehen. Endlich werden noch die totalen und partiellen Differentialgleichungen der Bewegung von Hamilton für die verallgemeinerte Form des kinetischen Potentials, und daraus eine Reihe von Folgerungen für umkehrbare Bewegungen eines Systems, d. h. für solche Bewegungen hergeleitet, bei denen die Reihe der Lagen, die es bei rechtläufiger Bewegung durchgemacht hat, auch rückwärts durchlaufen werden kann ohne Eingriff anderer Kräfte und mit denselben Zwischenzeiten für jedes Paar gleicher Lagen.

Es wird sogleich von den weiteren Anwendungen des verallgemeinerten Helmholtz'schen Princips der kleinsten

Wirkung die Rede sein und mag nur noch bemerkt werden, wie Hertz über die Grundanschauung von Helmholtz denkt, die Energie bei dem Aufbau der Mechanik in den Vordergrund und das Hamilton'sche Princip als ein Grundgesetz der Natur hinzustellen. Während er es als einen gewaltigen Fortschritt der mathematischen Physik betrachtet, den Begriff der Kraft zurücktreten und die Energie immer mehr und mehr ihre Stelle einnehmen zu lassen, ohne sich der Ansicht derjenigen Physiker anzuschliessen, welche es versuchen, der Energie in Rücksicht auf ihre Menge und Lage die Eigenschaften einer Substanz zuzuschreiben, findet er in der Aufstellung des Hamilton'schen Princips als Beschreibungsprincip aller Erscheinungen grosse Schwierigkeiten. Er findet, dass dasselbe eine äusserst verwickelte, nur mathematisch formulirbare Wahrheit ausdrücke, welche der leblosen Natur die Absicht zuschreibe, die gegenwärtige Bewegung von den erst eintretenden Folgen abhängig zu machen, und baut ein System der analytischen Mechanik auf, in dem er den Begriff der Energie als einen rein mathematischen einführt und um die Bewegung aller Systeme zu beschreiben, ein allgemeines Gesetz zu Grunde legt, welches aussagt, dass, wenn die Zusammenhänge des Systems einen Augenblick gelöst werden könnten, sich seine Massen in geradliniger und gleichförmiger Bewegung zerstreuen würden, dass aber, da eine solche Auflösung nicht möglich ist, sie jener angestrebten Bewegung wenigstens so nahe bleiben als möglich. Wenn auch für die Einheitlichkeit der Behandlung manches damit gewonnen sein mag, so kann doch erst die Zukunft darüber entscheiden, ob das genannte Naturgesetz eine Erleichterung für die Behandlung der grossen physikalischen Probleme bieten wird, jedenfalls wird dasselbe, wie Helmholtz meint, von hohem heuristischen Werthe sein zur Entdeckung neuer allgemeiner Charaktere der Naturkräfte.

Die Herleitung der Eigenschaften der Bewegungen aus dem Princip der kleinsten Wirkung bot in der That grosse mathematische und physikalische Schwierigkeiten und führte Helmholtz zu den in den „Studien zur Statik monocyclischer

Systeme" (1884) und „Principien der Statik monocyclischer Systeme" (1884) niedergelegten Untersuchungen, die einen wesentlichen Fortschritt in der Behandlung mechanischer und physikalischer Probleme bilden, und unter den Händen Boltzmann's bereits eine beherrschende Stellung in der theoretischen Physik erlangt haben.

Wenn in einem Systeme von Körpern eine Bewegung stattfindet, so verändert sich in der Regel die räumliche Lage oder auch sonst der Zustand dieser Körper; dass dies jedoch nicht nothwendig ist, sieht man, wenn z. B. Drähte lange von einem vollkommen unveränderlichen elektrischen Strome durchflossen werden: es bleibt in diesem Falle die Lage, die Temperatur, der magnetische Zustand in der Nähe befindlicher Eisenmassen in jedem Punkte des Raumes unverändert, und es muss also die Bewegung, die wir uns als Ursache der beschriebenen Erscheinungen denken, eine vollkommen stationäre sein dergestalt, dass jedesmal, sobald ein Theilchen seinen Ort verlässt, immer nach verschwindend kurzer Zeit wieder ein genau gleich beschaffenes, mit derselben Geschwindigkeit nach derselben Richtung bewegtes Theilchen an dessen Stelle tritt, so dass trotz der fortwährenden Bewegung an keinem Punkte des Raumes eine Veränderung wahrnehmbar ist. Helmholtz nennt nun eine solche Bewegung, wie z. B. die Bewegung des rotirenden Kreisels oder den Strom reibungsloser Flüssigkeit in einem ringförmigen Kanale, eine cyclische, und wenn alle in einem Systeme von Körpern stattfindenden Bewegungen cyclische sind, das System ein cyclisches; cyclische Bewegungen werden häufig verborgene Bewegungen sein, da sie allein bestehend eine Aenderung im Anblick der Massenvertheilung nicht hervorrufen, und umgekehrt verborgene Bewegungen fast stets cyclische. Man nennt eine Coordinate eine cyclische, wenn während der Veränderung derselben sich der ganze Zustand des Systems nicht ändert, also auch die in demselben enthaltene lebendige Kraft keine Aenderung erleidet, und somit nicht eine Function der Coordinate, sondern im Allgemeinen des Differentialquotienten derselben ist, da die lebendige Kraft um so grösser sein wird, je rascher die cyclische Bewegung vor sich geht; ausser durch die cyclischen Coordinaten mag der Zustand des Systems noch durch andere bestimmt sein, welche Helmholtz die langsam veränderlichen Coordinaten oder die Parameter nennt, und die sich so langsam verändern sollen, dass ihre Differentialquotienten nach der Zeit vernachlässigt werden können, die lebendige Kraft also zwar die Parameter, aber nicht deren Differentialquotienten enthält; wenn die Parameter für einen längeren Zeitraum als constant betrachtet werden, so wird während desselben die Bewegung eine cyclische sein, und das System je nach der Anzahl der cyclischen Coordinaten ein monocyclisches etc., im Allgemeinen polycyclisches genannt.

Die Bedingung für das Auftreten eines cyclischen Systems kann mit jedem beliebigen Grade der Annäherung erfüllt sein, sobald das System überhaupt cyclische Coordinaten besitzt, wenn die Theile der Energie, welche die Aenderungsgeschwindigkeiten der Parameter enthalten, verschwinden gegen die Theile, welche von den cyclischen Intensitäten abhängen, wenn also die Aenderungsgeschwindigkeiten der Parameter hinreichend klein oder die der cyclischen Coordinaten hinreichend gross angenommen werden. Die Kräfte eines cyclischen Systems in Richtung ihrer Parameter sind der Annahme eines cyclischen Systems zufolge unabhängig von den Aenderungsgeschwindigkeiten dieser Parameter, wie sich unmittelbar aus dem Lagrange'schen Ausdrucke der Kräfte durch die kinetische Energie ergiebt, und ebenso folgt, dass, wenn auf die cyclischen Coordinaten eines cyclischen Systems keine Kräfte wirken, die sämmtlichen cyclischen, durch das Product aus Masse in Geschwindigkeit definirten Momente des Systems in der Zeit constant sind, in welchem Falle die Bewegung eine adiabatische genannt wird. Die von Helmholtz charakterisirten Bewegungen sind somit ihrem Wesen nach dadurch definirt, dass potentielle und actuelle Energie des Systems unabhängig sein sollen von einer gewissen Anzahl von Coordinaten, welche zur vollständigen Bestimmung der Lage der

Theile des Systems nothwendig wären, aber nur mit ihrem Differentialquotienten nach der Zeit in die Werthe der Energie eintreten, was auch bei nicht streng stationären Bewegungen der Fall sein wird, wenn wir Aenderungen im Zustande des Systems so langsam vor sich gehen lassen, dass das System sich niemals merklich aus den Zuständen entfernt, in denen es dauernd beharren könnte. Die Wärmebewegung ist nicht im strengen Sinne monocyclisch, da jedes einzelne Atom wahrscheinlich fortdauernd in der Art seiner Bewegung wechselt und erst dadurch, dass in einer ungeheuer grossen Anzahl von Atomen stets alle möglichen Stadien der Bewegung repräsentirt sind, der mechanische Charakter einer monocyclischen Bewegung eintritt.

Boltzmann hatte bereits fast zwanzig Jahre früher auf die physikalische Bedeutung des Princips der kleinsten Wirkungen hingewiesen und in seiner fundamentalen Arbeit „Ueber die mechanische Bedeutung des zweiten Hauptsatzes der Wärmetheorie" ein Theorem der reinen Mechanik aufgestellt, das dem zweiten Hauptsatz der Wärmelehre genau so entspricht, wie das Princip der lebendigen Kraft dem ersten und für den Fall, dass die zugeführten lebendigen Kräfte und die Variation der Grenzen gleich Null gesetzt werden, in das Princip der kleinsten Wirkungen in seiner gewöhnlichen Form übergeht.

Helmholtz wirft nun ganz ähnlich nach Einführung seiner cyclischen Bewegungen die Frage auf, unter welchen allgemeinsten Bedingungen die bekannten physikalischen Eigenthümlichkeiten der Wärmebewegung bei andern bekannten Klassen von Bewegungen vorkommen können, und ob speciell eine Klasse mechanisch verständlicher Bewegungen angegeben werden kann, bei der ähnliche Beschränkungen der Umwandlung von Arbeitsäquivalenten wie beim zweiten Hauptsatz der Wärmelehre vorkommen. Indem er die Definition eines monocyclischen Systems dahin erweitert, dass in demselben entweder nur eine cyclische Coordinate vorkommt, oder wenn deren mehrere, dann alle diese Functionen einer andern Grösse sind, hebt er zunächst den besonders wichtigen und interessanten Fall hervor, in welchem zwischen zwei monocyclischen Systemen gewisse mechanische Verbindungen zur Herstellung fester Verhältnisse zwischen den Geschwindigkeiten eingeführt werden, welche gar keinen Einfluss haben, so lange die Bewegung schon an und für sich so vor sich geht, wie es ihnen entspricht, dass sie aber, sobald Abweichungen eintreten, allemal solche Kräfte entgegenstellen, als nöthig sind, die Abweichungen zu verhindern. Helmholtz nennt das so entstehende System, wie z. B. zwei Kreisel, deren Axen so verbunden sind, dass sie zu gleicher Umlaufsgeschwindigkeit gezwungen werden, das gefesselte, den Zustand die Koppelung des Systems und erkennt in dieser das einzige Mittel, direct auf die innere Bewegung der gegebenen monocyclischen Systeme zu wirken, wie wir ja auch bei der Wärmebewegung der Atome in Folge der Beschränkung der uns zu Gebote stehenden Methoden unsere Einwirkungen nicht auf bestimmte Atome isoliren können, sondern nothwendig immer alle in einem gewissen Raum enthaltenen gleichmässig treffen müssen. Wenn nun zwei ursprünglich von einander unabhängige monocyclische Systeme durch passende Regulirung der äusseren Kräfte in einen Zustand versetzt werden, der den Bedingungen einer bestimmten Art fester Verbindung entspricht, so kann man eine solche feste Verbindung zwischen ihnen eintreten lassen, ohne dadurch die vorhandene Bewegung zu stören, und sie von da ab unter Einhaltung dieser Verbindung sich weiter bewegen lassen, so wie zwei Körper gleicher Temperatur ohne Veränderung ihrer innern Bewegung in leitende Berührung gesetzt werden können, so dass sie bei neuen hinreichend langsamen Veränderungen gleiche Temperatur behalten, wobei nicht ausgeschlossen ist, dass jene beiden Systeme in der Lage, die ihnen behufs der Koppelung gegeben ist, noch mit Druck oder Fernkräften auf einander wirken.

Mit Hülfe von mathematischen Betrachtungen, die den in der Wärmelehre angestellten ganz analog sind, zeigt nun Helmholtz allgemein, dass, wenn monocyclische Systeme nur solche Verbindungen unter einander zulassen, dass die äussern Kräfte jedes einzelnen Systems nur von dem angenblicklichen Zustande des Systems und nicht von der eintretenden oder aufhörenden Verbindung mit andern Systemen abhängen, die Koppelung also eine reine Bewegungskoppelung ist und ein neues monocyclisches System erzeugt, wenn ferner, sobald die Bedingungen des Austausches der innern Bewegung zwischen zweien oder mehreren Systemen eintreten, das Gleichgewicht der innern Bewegungen zwischen ihnen davon abhängt, dass eine bestimmte Function der Parameter eines jeden einzelnen — in der Wärmelehre die Temperatur — denselben Werth hat, wie die entsprechenden Functionen der andern, dann auch die dritte durch das Carnot'sche Gesetz ausgesprochene wesentliche Eigenthümlichkeit der Wärme, die beschränkte Umwandlungsfähigkeit, für sie gelten wird.

Diesen für die Principien der Mechanik fundamentalen Untersuchungen von Helmholtz über das Princip der kleinsten Wirkung und die monocyclischen Systeme reihen sich noch theils ergänzend, theils berichtigend seine drei letzten Arbeiten an, die sich schon ganz auf den Boden der von Faraday, Maxwell und Hertz geschaffenen Anschauungen stellen, nach welchen die elektrischen Oscillationen in dem den Weltraum füllenden Aether in ihrer Fortpflanzungsgeschwindigkeit, ihrer Natur als Transversalschwingungen, der damit zusammenhängenden Möglichkeit der Polarisationserscheinungen, der Brechung und Reflexion vollständig den Oscillationen des Lichtes und der Wärme entsprechen, und die anscheinenden Fernkräfte durch Uebertragung der Wirkung von einer Schicht des zwischenliegenden Mediums zur nächsten fortgeleitet werden.

In der Arbeit „Das Princip der kleinsten Wirkung in der Elektrodynamik" (1892) untersucht Helmholtz, ob sich die empirisch gefundenen Sätze der Elektrodynamik, wie sie in Maxwell's Gleichungen ausgesprochen sind, in die Form eines Minimalsatzes bringen lassen, und auf Grund von Erwägungen, wie wir sie früher besprochen, ergab sich, dass die ponderomotorischen Kräfte in der That aus dem verallgemeinerten Hamilton'schen Princip vollkommen übereinstimmend mit

Maxwell's Theorie hergeleitet werden können, wobei die Energie sich aus zwei Theilen zusammensetzt, die dieselbe Rolle gegen einander spielen, wie die potentielle und actuelle Energie in den Problemen für wägbare Massen; die elektrische Energie erscheint dabei als potentielle Energie ruhender Massen, soweit keine Aenderungen der Momente oder elektrische Ströme mitspielen, die magnetische Energie als lebendige Kraft.

Schon früher (1874) hatte er in seiner Arbeit über anomale Dispersion die Einwirkung der Schwingungen der Molekel des Aethers auf die der Körper, welche dieser durchdringt, in Frage gezogen und für die merkwürdige Erscheinung, nach welcher in dem von einem brechenden Medium entworfenen Spectrum die Dispersion eine ganz andere werden kann, als die gewöhnliche, indem die Strahlen grösserer Schwingungsdauer stärker abgelenkt werden können als die kleinerer Schwingungsdauer, in Ergänzung früher aufgestellter Erklärungen den Grund darin gefunden, dass zu der Annahme, dass die ponderabeln, in den Aether eingelagerten Molekel mitschwingen, noch eine der Bewegung jener entgegenwirkende Reibungskraft hinzutritt, wodurch die Erscheinungen in einfacher Weise erklärt werden. Nun aber vertieft er sich weiter auf Grund der Faraday-Maxwell'schen Anschauungen in die Theorie des Lichts und sucht von der Ueberlegung ausgehend, dass die Dispersion des Lichtes stets nur in oder an der Grenze von Räumen vorkommt, die ausser dem Aether auch ponderable Masse enthalten, in einer im Jahre 1892 erschienenen Arbeit die Farbenzerstreuung mit Zuhülfenahme der elektromagnetischen Theorie des Lichtes und mit Rücksicht auf die dem Aether eingelagerten Massen zu erklären. Die mathematische Theorie von Maxwell weist nun nach, dass auch ponderomotorische Kräfte innerhalb des von elektrischen Oscillationen durchzogenen Aethers wirksam werden müssen, welche schwere Atome, die im Aether liegen, in Bewegung setzen könnten; Helmholtz zeigt, dass dann die wägbaren Theilchen auch Ladungen wahrer Elektricität enthalten müssen, so dass in den zu bildenden Bewegungsgleichungen die elektrischen Momente, welche durch die wahre Elektricität jener Träger gebildet werden, da sie von veränderlicher Grösse und Richtung sind, und auch von nicht elektrischen Kräften, Beharrungsvermögen, Reibung etc. angegriffen werden, von denen des freien Aethers zu trennen und die Wellenschwingungen in dem mit beweglichen Molecülen beladenen und im freien Aether besonders zu untersuchen sind, woraus die Gesetze der Farbenzerstreuung sich ermitteln lassen.

Von hohem Interesse sind endlich seine allgemeinen „Folgerungen aus Maxwell's Theorie über die Bewegungen des reinen Aethers" (1893), welcher dem Aether Beweglichkeit zuschreibt und sich denselben von ponderabler Substanz durchdrungen vorstellt, die sich mit ihm bewegt; in der That kommen derartige Einmischungen in allen Substanzen vor, die entweder leitend oder lichtbrechend gegen das Vacuum sind, oder Werthe der dielektrischen und magnetischen Constanten haben, die von denen des Vacuum abweichen, und man wird aus den Bewegungen der wägbaren Theile auf die damit übereinstimmenden Bewegungen des Aethers schliessen können. Sind jedoch die Räume von wägbaren Körpern frei und nur mit Aether gefüllt, so tritt die Frage auf, ob reiner Aether ganz frei von allem Beharrungsvermögen bestehen kann, ob er den sich durch ihn hinbewegenden wägbaren Körpern ausweichen muss oder sie durchdringt, indem er dabei in Ruhe bleibt oder sich zum Theil mit ihnen bewegt oder auch zum Theil ausweicht. Unter der Voraussetzung, dass der Aether in mechanischer Beziehung die Eigenschaften einer reibungslosen, incompressibeln Flüssigkeit hat, dabei aber ganz ohne Beharrungsvermögen ist, findet Helmholtz, dass die von Maxwell aufgestellten und von Hertz vervollständigten Gesetze in der That geeignet sind, vollständigen Aufschluss über die Gesetze der im Aether auftretenden Veränderungen und Bewegungen zu geben und zwar so, dass die Zusammenfassung der Gesetze der Elektrodynamik unter das Princip der kleinsten Wirkung, wie sie Helmholtz früher gegeben, nur noch der Einführung der Hypothese der Incompressibilität bedarf, und zwar durch Ergänzung des elektrokinetischen Potentials durch die linke Seite der Definitionsgleichung der Incompressibilität, und hieraus werden wichtige Schlüsse über das Entstehen und Vergehen ponderomotorischer Kräfte im ruhenden und bewegten Aether gezogen.

In dem nicht mehr vollendeten „Nachtrag zu dem Aufsatze: Ueber das Princip der kleinsten Wirkung in der Elektrodynamik" (1894) kommt Helmholtz noch einmal auf seine Zusammenfassung der Maxwell-Hertz'schen Gesetze der Elektrodynamik in der verallgemeinerten Form des Princips der kleinsten Wirkung zurück, um zu entscheiden, ob der bekannte Werth der gesammten Energie der elektromagnetischen Vorgänge noch den Zusatz einer nach den Geschwindigkeiten linearen Function verlangt, und wenn dieses der Fall, die ponderomotorischen Kräfte in übersichtlicher Form aus diesem Princip herzuleiten.

Hiermit endet die lange Reihe glänzender mathematischer und mathematisch-physikalischer Arbeiten dieses unvergleichlichen Forschers, von deren Inhalt und Bedeutung ich Ihnen, soweit es ohne tieferes Eingehen in die Feinheiten seiner mathematischen Analyse möglich war, ein wenn auch gewiss unvollkommenes Bild zu entwerfen mich bestrebte. Was der Inhalt des Vortrages sein sollte, den Helmholtz für die vorjährige Naturforscherversammlung in Wien unter dem Titel ankündigte: „Ueber dauernde Bewegungsformen und scheinbare Substanzen" und von dem sich im Nachlasse nur wenige Schriftseiten zu der Einleitung vorgefunden haben, wird uns für immer unbekannt bleiben, aber man darf wohl nicht ohne Grund der Vermuthung Raum geben, dass der naturwissenschaftlichen Welt der philosophische Kern der grossen Forschungen dargelegt werden sollte, welche er in den letzten Jahren seines Lebens über die Grundlagen und Principien der Mechanik und Physik angestellt hatte.